거룩한 삶을 위한 능력, **교리묵상**

순종

김남준 현 안양대학교의 전신인 대한신학교 신학과를 야학으로 마치고, 총신대학교에서 목회학 석사와 신학 석사 학위를 받았으며, 신학 박사 과정에서 공부했다. 안양대학교와 현 백석대학교에서 전임 강사와 조교수를 지냈다.

1993년 열린교회(www.yullin.org)를 개척하여 담임하고 있으며, 현재 총신대학교 신학과 조교수로도 재직하고 있다. 저자는 영국 퓨리턴들의 설교와 목회 사역의 모본을 따르고자 노력해 왔으며, 아우구스티누스를 비롯한 보편교회의 신학과 칼빈, 오웬, 조나단 에드워즈와 17세기 개신교 정통주의 신학에 천착하면서 조국교회에 신학적 깊이가 있는 개혁교회 목회가 뿌리내리기를 갈망하며 섬기고 있다.

주요 저서로는 1997년도 **기독교 출판문화상**을 수상한『예배의 감격에 빠져라』와 2003년도 **기독교 출판문화상**을 수상한『거룩한 삶의 실천을 위한 마음지킴』, 2005년도 **기독교 출판문화상**을 수상한『죄와 은혜의 지배』, 2015년도 **기독교 출판문화상**을 수상한『가슴 시리도록 그립다, 가족』을 비롯하여『깊이 읽는 주기도문』,『인간과 잘 사는 것』,『교회와 그리스도의 남은 고난』,『신학공부, 나는 이렇게 해왔다 제1권』,『기도 마스터』,『내 인생의 목적, 하나님』,『십자가를 경험하라』,『그리스도인은 누구인가』,『그리스도는 누구이신가』,『은혜에서 미끄러질 때』 등 다수가 있다.

거룩한 삶을 위한 능력, 교리묵상 **순종**

ⓒ 생명의말씀사 2007

2007년 1월 31일 1판 1쇄 발행
2019년 3월 22일   6쇄 발행

펴낸이 | 김재권
펴낸곳 | 생명의말씀사

등록 | 1962. 1. 10. No.300-1962-1
주소 | 서울시 종로구 경희궁1길 5-9(03176)
전화 | 02)738-6555(본사) · 02)3159-7979(영업)
팩스 | 02)739-3824(본사) · 080-022-8585(영업)

지은이 | 김남준

기획편집 | 태현주, 조해림
디자인 | 박소정
인쇄 | 예원프린팅
제본 | 정문바인텍

ISBN 978-89-04-15676-4 (04230)
ISBN 89-04-00116-1 (세트)

저작권자의 허락없이 이 책의 일부 또는 전체를
무단 복제, 전재, 발췌하면 저작권법에 의해 처벌을 받습니다.

거룩한 삶을 위한 능력, **교리묵상**

순종

김남준 저

◎생명의말씀사

저자 서문

묵상은 머리의 지식을
마음으로 흘려보내는 깔대기입니다

　오랫동안 목회한 제게도 풀리지 않는 의문이 있었습니다. 그것은 복음을 깊이 경험하고 그리스도를 인격적으로 체험한 사람들의 미끄러짐에 관한 것이었습니다. '강력한 은혜를 경험하고도 어쩌면 그렇게 쉽게 뒤로 물러가 침륜에 빠질 수 있을까?' 하는 의문이 늘 제 가슴 속에 있었습니다.

　이 질문에 대한 충분한 해답을 찾기 위해서는 아직도 많은 논의가 필요하겠지만, 우선적으로나마 저는 이에 관해 가장 중요한 원인을 두 가지로 나누어 말씀드리겠습니다.

　첫째는 과거 회심의 문제입니다. 그들의 회심이 총체적으로 복음의 의미를 경험한 회심(신학적 회심)이 아니라 진리 중 일부만을 경험한 회심(도덕적 회심)이었기 때문입니다. 그래서 그들의 생각은 성경진리와 그리스도를 아는 지식으로 정리되어 있지 않으며, 그 안에서 마음속에 많은 모순contradictions을 경험하게 됩니다. 이런 사람에게 견고한 신앙을 기대할 수는 없습니다.

　둘째는 현재 은혜의 문제입니다. 즉, 바르게 회심해야 할 뿐 아니라 그 회심을 늘 보존하고 살아야만 견고한 신앙생활이 가능한 것입니다. 신자가 하나님의 은혜로부터 멀어지는 가장 큰 요인은 하나님의 말씀을 현재적으로 마음에 품고 살지 않는 것입니다. "내가 주께 범죄치 아니하려 하여 주의 말씀을 내 마음에 두었나이다" 시 119:11. 신자가 과거에 아무리 하나님을 깊이 만나고 진리를 경험했다 할지라도 '지금 이 순간' 나를 다스리는 말씀, 나의 삶에 영향을 미치는 말씀이 없다면, 우리의 작은 틈을 노려 파고드는 죄를 이길 수 없습니다.

교리묵상 시리즈 6권 『순종』이 출간되었습니다. 성경의 걸출한 믿음의 선진들, 노아를 시작으로 아브라함, 여호수아, 갈렙, 다윗, 아사, 히스기야 그리고 그리스도의 순종의 모본이 『순종』에 녹아 들어 있습니다.

현대를 사는 우리와 마찬가지로 연약한 육체로, 믿음의 생활과 마음지킴을 방해하는 세력 속에 있으면서도 모든 것보다 하나님 한 분의 얼굴을 구했던 믿음의 사람들의 삶을 들여다볼 수 있다는 것은, 하나님께서 우리에게 주시는 축복이요 은혜가 아닐 수 없습니다.

여러분, 믿음의 사람들이 고난 중에서도 하나님께 순종하였던 것처럼, 이해할 수 없는 상황에서도 하나님의 선하심을 믿고 순종하였던 것처럼 하나님을 향해 손을 내미십시오. 그 손을 잡고, 가슴에는 살아 있는 말씀을 품고 세상을 향해 담대히 나아가시기 바랍니다.

그리스도의 노예
김남준 목사

- 저자 서문 _4
- 책을 열며 _10

노아의 순종 _13

하나님의 역사가 시작되는 자리

세상과 당당하게 구별되어 살기

우리는 독특합니다

신앙의 이력서가 준비되었습니까?

오직 하나님이 명하신 일을 하고 있습니다

"왜?"가 아니라 "네!"입니다

노아가 받은 축복 1 : 하나님과 동행함

노아가 받은 축복 2 : 가족 구원

내 삶을 향기로운 제사로 받으소서

주인공의 인생

상대적 의인, 노아

치열한 삶의 한복판에서 얻은 평가

동행하시겠어요?

이 땅에 희망이 있나요?

하나님의 음성에 귀기울이기

방주의 문이 닫히기 전에

순종과 축복

아브라함의 순종 _ 77

너는 본토 친척 아비 집을 떠나라

네게 지시할 땅으로 가라

사명의 자리에 어려움이 있을지라도

여호수아와 갈렙의 순종 _ 89

그들이 통곡하였던 이유는

자신의 믿음에 책임질 수 있습니까?

하나님만으로 가득 찬 마음에서

그들은 우리의 밥이라

순종할 수 있는 비결

먼저 믿음을 보이라

무너져야 할 여리고 성

무너진 여리고 성

비상 사태를 선포할 때

다윗의 순종 _ 119

고치시는 하나님의 은혜
고난을 받았으나 1
고난을 받았으나 2
기다리시는 아버지
고난을 통해 배운 순종
주의 말씀이 등불이 되어
나그네 길에서 부르는 노래
영광 받으실 하나님의 이름
당신의 이름을 위하여
말씀이 뿌려졌으나
말씀에 갈급합니다
하나님의 은혜를 갈망합니다
주의 규례의 선하심을 믿습니다

아사의 순종 _ 161

아사의 온전함
온전함을 보이라
살렘의 마음
외로운 투쟁 1
외로운 투쟁 2

아버지를 대신한 헌신
하나님의 명령에 대한 우리의 생각
하나님의 큰 일을 감당할 자
헌신할 결단을 내릴 때

히스기야의 순종 _ 191

하나님을 만난 히스기야
이스라엘의 하나님 여호와께로 돌아오라
여호와께 연합함
온전히 지킨 계명

예수 그리스도의 순종 _ 205

경외하는 자의 특징, 순종
순종함을 배우신 예수님
순종의 학교, 고난 선생님
순종하여 온전함을 이루신 예수님
인내의 모본이신 예수님
사랑은 언제나 오래 참고

'순종'은
'그럼에도 불구하고' 하나님을 따르는 것입니다

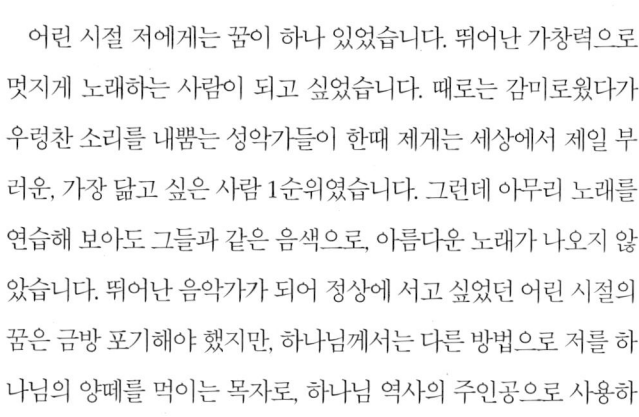

　어린 시절 저에게는 꿈이 하나 있었습니다. 뛰어난 가창력으로 멋지게 노래하는 사람이 되고 싶었습니다. 때로는 감미로웠다가 우렁찬 소리를 내뿜는 성악가들이 한때 제게는 세상에서 제일 부러운, 가장 닮고 싶은 사람 1순위였습니다. 그런데 아무리 노래를 연습해 보아도 그들과 같은 음색으로, 아름다운 노래가 나오지 않았습니다. 뛰어난 음악가가 되어 정상에 서고 싶었던 어린 시절의 꿈은 금방 포기해야 했지만, 하나님께서는 다른 방법으로 저를 하나님의 양떼를 먹이는 목자로, 하나님 역사의 주인공으로 사용하여 주십니다.

　여러분, 우리들 대다수는 많은 사람들의 시선을 한 몸에 받거나 많은 사람들의 박수를 받을 만한 삶의 자리에 있지 않습니다. 그러나 우리들은 세상의 조연이 아닙니다. 왜냐하면 우리들 한 사람 한 사람이 하나님의 역사를 이루어 가는 주인공들이기 때문입니다.

　우리는 하나님의 사랑을 받으며 또 그분의 시선을 의식하며 살아갑니다. 지금의 삶이 남들이 보기에는 작고 보잘것없는 것처럼 보여도 인생의 마지막 때에는 하늘의 천사들과 성도들의 성대한 환영을 받으며 그 나라로 들어갈 것입니다. 그 날을 바라보기에 우리는 웃을 수 있고, 세상과 다른 가치를 추구하는 용기를 가질 수 있습니다.

묵상집 『순종』에는 하나님이 택하셔서 당신의 역사에 귀하게 쓰신 여러 인물들이 등장합니다. 그가 왕이었건 범인(凡人)이었건 간에 그가 그 시대를 밝히는 별이 되었던 이유는 그의 믿음과 순종 때문이었습니다. 상황은 허락하지 않지만 '그럼에도 불구하고' 하나님께 순종하였던 기록들, 그 순종을 통하여 놀라운 일들을 행하셨던 하나님에 대한 기록들이 여기에 가득합니다.

한 가지 알려드리고자 하는 점은 기존의 묵상집에서는 매 장마다 중심 성구가 달랐으나, 묵상집 『순종』은 각 인물별로, 사건별로 주제를 다루었기에 하나의 중심 성구 아래 여러 장이 이어지고 있다는 점입니다.

여러분, 그리스도의 사랑을 알게 된 이후부터, 그리스도 없이 사는 삶은 무의미하다고 고백한 순간부터 우리는 순종의 학교에 입학한 학생이 되었습니다. 이 학교에서 '순종'이라는 과목을 성실히 이수하십시오. 그래서 여러분의 일상에서 순종의 결단을 내리는 일들이 더욱 풍성히 일어나기를 바랍니다. 우리의 순종은 하나님 앞에 하나도 빠짐없이 기록될 것이며, 그분의 마음을 흡족하게 해드릴 것입니다.

obedience
by grace

하나님의 역사가 시작되는 자리

세상과 당당하게 구별되어 살기

우리는 독특합니다

신앙의 이력서가 준비되었습니까?

오직 하나님이 명하신 일을 하고 있습니다

"왜?"가 아니라 "네!"입니다

노아가 받은 축복 1 : 하나님과 동행함

노아가 받은 축복 2 : 가족 구원

내 삶을 향기로운 제사로 받으소서

주인공의 인생

상대적 의인, 노아

치열한 삶의 한복판에서 얻은 평가

동행하시겠어요?

이 땅에 희망이 있나요?

하나님의 음성에 귀기울이기

방주의 문이 닫히기 전에

순종과 축복

노아의 순종

하나님의 역사가 시작되는 자리

"노아가 그와 같이 하되 하나님이 자기에게 명하신 대로 다 준행하였더라"(창 6:22).

성경을 여는 창세기에는 여러 믿음의 사람들이 등장합니다. 그중에는 한 나라의 왕도 있고, 용맹한 장군도 있습니다. 그런데 이제부터 살펴보려는 사람은 얼핏 보기에 평범해 보이는 인물입니다. 그는 역사에 한 획을 그을 만한 일을 한 것은 아니지만, 구약 시대에서 빼놓을 수 없는 사람, 노아입니다. 천지창조가 '무'에서 '유'를 새로이 창조하신 역사였다면, 하나님은 노아 한 사람을 통해 두 번째 창조의 역사를 쓰셨습니다.

첫 사람 아담에게는 세 아들이 있었는데, 가인, 아벨 그리고 셋이었습니다. 그중에 셋은 하나님을 공경하고 사랑하는 경건한 혈통의 대표가 되었습니다. 반면 가인은 동생 아벨을 죽이는 죄를 범한 이후, 사방을 유리하다가 정착하여 많은 자손들을 퍼뜨렸습니다. 가인의 후예들은 하나님 없이 살아가는 세상 백성의 대표가 되었습니다.

오랜 시간이 흘러 땅에는 사람들이 번성하였고, 급기야는 셋의 자손들과 가인의 자손들 사이에 혼인이 이루어지게 되었습니다. 이렇게 혼인을 통해서 양쪽이 혈통을 교류하게 되면 불신앙의 혈통이 경건한 가정의 혈통을 더럽히는 것은 필연적인 일입니다. 이와 같은 사실을 하나님께서는 너무나 잘 아셨기 때문에 이 땅의 거룩한 씨들을 보존하시기 위해 더러운 세상을 홍수로 쓸어 버리시기로 작정하셨습니다.

하나님께서는 도덕적이고 종교적인 이유로 이 세상을 심판하셨습니다. 그분이 창조한 이 세계가 그분의 손으로 지은 사람들에 의해 더럽혀지는 것을 차마 볼 수 없으셨기 때문입니다. 그분은 이 땅에 있는 인간을 비롯한 모든 피조물들을 다 멸하셨습니다.

홍수 심판은 이중적인 의미를 가지고 있습니다. 첫 번째는 패괴한 세상에 대해 심판을 행하심으로 하나님의 공의를 보이시는 것이었고, 두 번째는 이 심판을 통해서 전혀 새로운 세상을 재창조하시기 위함이었습니다.

하나님께서 노아를 통해서 이루신 두 번째 창조의 역사는 물리적인 창조의 역사가 아니라, 도덕적인 창조의 역사입니다. 노아와 같이 하나님을 경외하고 사랑하는 진실한 백성들이 이 땅 가득 넘쳐 나서 패괴한 세상의 가치와 결별하고 오히려 이 세상을 고치는 위대한 일을 하나님께서는 기대하셨습니다. 이런 창조주 하나님의 기대는 그때나 지금이나 변함이 없습니다. 그 기대를 따라 움직이는 하나님 나라의 백성들을 통해 이 땅에 하나님의 나라를 충만하게 이루어 가십니다.

하나님의 심판과 구원의 사역은 하나님의 창조 목적을 이루기 위한 일입니다. 하나님께서는 늘 당신의 뜻에 기꺼이 순종하는 사람들을 사용하셔서 그 역사를 이루시기를 즐겨 하십니다. 하나님께서는 이러한 역사의 중심에 평범한 사람, 하지만 하나님 앞에서 특별히 순종하였던 노아를 두셨습니다.

이 세대는 악합니다. 주님께서 다시 오실 그날은 그야말로 멀지 않았습니다. 하나님께서는 지금도 당신의 구원 사역을 위해 순종하여 바삐 움직일 수 있는 한 사람을 찾으십니다. 그 사람은 청와대에 있는 것도 아니요, 재벌 그룹 CEO의 자리에 앉아 있는 것도 아니요, 무엇을 하든 어디에 있든 하나님의 명령이라면 "네." 하고 따르는, 하나님의 백성으로서 평범한 의무를 다하는 사람입니다.

하나님께서 쓰시는 재창조의 역사의 중심에 서기 위한 갈망을 품고 있습니까? 그렇다면 하나님의 백성으로서의 평범한 자리, 순종의 자리로 나오십시오. 그 자리가 하나님의 역사가 시작되는 자리입니다.

 마음에 두고 생각하기

이 세대가 패역함에도 하나님의 은혜와 사랑은 변함이 없습니다. 그리고 그분의 공의로운 속성도 여전하십니다. 그래서 하나님께서는 반드시 이 패괴한 세상을 심판하시고, 의로운 백성들을 구원하시러 오실 것입니다. 그때를 손꼽아 기다릴 수 있는 담대하고 의로운 신앙을 소유하기 위해서 하나님께 진지한 물음을 건네 보십시오. "주님, 제가 서 있는 이 자리가 하나님께서 흡족해 하실 만한 순종의 자리입니까? 혹, 당신의 마음을 불편하게 해드리는 자리는 아닙니까?"

세상과 당당하게 구별되어 살기

"그러나 노아는 여호와께 은혜를 입었더라"(창 6:8).

이 땅에 사람들이 번성하자 하나님의 아들들과 사람의 딸들이 혼인하는 일이 빈번해졌다고 성경은 기록합니다. 그리고 이 일은 세상을 홍수로 뒤덮는 심판의 직접적인 원인이 되었습니다. 사람의 딸들은 가인의 후손을, 하나님의 아들들은 셋의 경건한 자손을 가리킵니다.

그러면 왜 하나님은 이러한 혼인을 심각하게 받아들이시고 홍수로 심판을 내리셨을까요?

경건한 신앙은 불신앙의 세력들 틈에서 경건함을 유지하기가 무척이나 어렵기 때문입니다. 경건함에는 불순물이 끼기 쉽고, 순결함은 때 타기 쉬우며 그 얼룩은 잘 지지 않습니다. 그러므로 신앙이 있는 자가 불신앙의 사람과 혼인할 경우, 신앙을 지키고 나아가 불신앙의 배우자를 신앙의 길로 인도한다는 것은 일생의 과업으로 삼고 전력해야만 하는 일인 것입니다.

하나님께서는 이 땅에 경건한 백성들을 남겨 두시려는 계획을 가지고 계셨으므로, 혈통이 섞이는 혼인으로 인해 신앙이 사라지는 것을 두고 보지 않으셨습니다. 경건한 자손의 혈통을 따라 예수 그리스도, 죄의 사슬에서 인류를 구원할 메시아가 오셔야 했기 때문이었습니다.

홍수로 인해 멸망한 이들 중에는 물론 셋의 자손들도 있었습니다. 그러나 그들이 자기 눈에 좋은 것을 택하며, 보이지 아니하는 신앙을 소홀히 했을 때, 그들은 택함 받은 혈통으로서의 독특성을 상실하였습니다. 그리고 이것은 하나님 보시기에 악하였습니다.

신자에게는 세상 사람들과 구별되는 독특성이 있습니다. 보이지 않는 하나님을, 눈에 보이는 우리의 언행과 매일의 삶으로 증거함으로써 지니는 독특성입니다. 참 하나님에 대해서, 인간은 하나님께 어떤 존재여야 하는지에 대해서, 하나님께서 인간을 얼마나 사랑하시고 어떤 구원의 계획을 가지고 계시는지에 대해서 우리 신자는 세상을 향해 큰 소리로 울리는 소리통이 되어야 합니다.

여러분의 겉모양으로는 신자이지만, 삶의 갈피갈피를 현미경으로 들여다보면 신앙이 없는 자와 똑같지 않습니까? 몸에 밴 습관대로 신자의 모습을 갖추기는 쉬워도, 참으로 하나님이 찾으시는 독특한 하나님의 백성이 아니라면 홍수에 휩쓸려 내려갔던 셋의 자손과 다를 바 없다는 것을 명심하십시오.

여러분, 제가 간절히 호소합니다. 우리는 경건한 신앙을 잃어버린 시대 속에서 숨 가쁘게 살아가고 있습니다. '그러나' 노아처럼 믿음의 정절을 지켜 하나님의 은혜를 받으십시오. 하나님은 지금도 은혜 받을 사람을 찾고 계십니다.

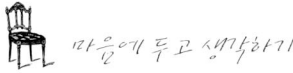 마음에 두고 생각하기

주님의 사랑은 배타적인 사랑이라서, 우리가 세상이나 주님 둘 중에 하나만 사랑하기를 원하십니다. 하지만 우리는 어리석게도 세상도 주님도 다 소유하리라는 우격다짐으로 살아갈 때가 참 많습니다. 신자는 세상과 분명히 구별되었습니다. 우리가 하나님의 거룩한 백성으로서 세상의 가치와 철저히 결별하고 노아처럼 믿음의 정절을 지켜, 마지막 때에 하나님의 특별한 은혜를 입는 자들로 살게 되기를 진심으로 소망합니다.

우리는 독특합니다

"그러나……" (창 6:8上).

하나님의 백성이라는 표는 세상과 구별되는 독특한 신앙으로 나타납니다. 그런데 하나님의 아들들이 사람의 딸들을 보고서, 자기 눈에 보기 좋은 대로 끌리고 마음을 주었습니다. 이는 그들이 내면에서부터 하나님의 자녀라는 독특성을 상실했다는 것을 의미합니다.

우리는 겉으로 드러나는 죄의 모양을 보아야만 그 사람의 신앙 상태를 가늠할 수 있지만, 하나님은 이와 같이 마음에서 하나님과 멀어져 있으면서도 교묘히 숨겨져 있는 신앙의 상태까지도 아십니다.

천지를 지으신 하나님께서는 당신을 닮은 피조물, 사람을 지으시고 매우 흡족해 하셨습니다. 그리고 사람을 사용하셔서 당신의 역사를 펼쳐 보이십니다. 하나님이 쓰시려고 하는 사람은 하나님이 만들어 가십니다. 하나님은 큰 사람을 택하지 않으시고 작은 사람을 택하여 큰 사람으로 만드십니다. 이들은 모두 세상이 뻗치는 유혹의 손길을 받으면서도 '그러나' 하나님을 믿는 신앙으로 구별된 사람들이었습니다.

노아는 여호와께 은혜를 입고서 메시아가 오실 것을 고대하는 믿음의 혈통을 이어가도록 택함 받았습니다. 노아 역시 처음부터 큰 자는 아니었을 것입니다. 그러나 일생을 방주 짓는 일에 헌신하면서 변함없는 믿음을 지닌 사람으로 성장하였습니다.

스스로 작은 자라 고백한 사도 바울은 이렇게 말합니다. "그러나 나의 나 된 것은 하나님의 은혜로 된 것이니 내게 주신 그의 은혜가 헛되지 아니하여 내가 모든 사도보다 더 많이 수고하였으나 내가 아니요 오직 나와 함께 하신 하나님의 은혜로라"고전 15:10. 스스로 작은 자로 여기고 하나님과 친밀한 관계 속에서 사는 이들에게 하나님의 은혜가 임하며, 이들이 하나님으로부터 큰 자라 인정받고, 큰 자가 할 일을 담당하게 되는 것입니다.

여러분은 믿음이 큰 자가 되기를 갈망하시는지 묻고 싶습니다. 여러분의 절친한 친구나 동료들을 떠올려 보십시오. 그들과 교제할 때 그들의 갈망이 무엇이라고 말합니까? 어떻게 하면 이 세상에서 조금 더 잘 살아갈까를 논하십니까, 아니면 앞다투어 자신의 삶 속에 살아 계시는 하나님을 증거하고 그분을 찬송하느라 눈가에 눈물이 마를 새가 없습니까? 신령한 에너지가 충만한 사람을 보면서 그와 닮고 싶다는 열망이 생겨 납니까, 아니면 부담스러워 피하고만 싶으십니까? 하나님의 백성답게 살고 싶은 갈망이 있을 때에 구별된 신앙의 길을 가는 그리스도인과의 만남은 목마른 사막에서 마시는 한 모금의 생수처럼 우리를 시원케 합니다.

하나님의 사람, 하나님의 은혜를 경험한 사람은 세상에서 흔들어

대는 대로 이리 갔다 저리 갔다 하며 요동치 않습니다. 중심이 잡혀 있기 때문입니다. 중심에 주님이 계시기 때문입니다. 남들보다 가진 재산이 적고, 토지문서가 없고, 통장이 여러 개가 아니더라도 평안한 미소를 지을 수 있는 우리의 이름은 '그리스도인'입니다.

 마음에 두고 생각하기

여러분의 마음은 무엇을 땔감 삼아 불타 오릅니까? 일과 사람, 재물과 명예 때문에 마음에 불길이 솟아오르지는 않습니까? 그것들을 소유하려는 동기가 하나님의 영광을 위해서가 아니라면 그 마음의 불은 그릇된 욕망의 불길에 지나지 않습니다. 그리스도인의 마음은 신령한 야망으로 불타 올라야 합니다. 단지 발에 밟히는 돌과 같은 그리스도인이 아니라 하나님의 백성들 가운데 유난히 빛나는 보석과 같은 성도가 되고자 한다면 여러분의 마음이 신령한 갈망으로 뜨겁게 끓어 오르게 하십시오.

신앙의 이력서가 준비되었습니까?

"노아가 그와 같이 하되 하나님이 자기에게 명하신 대로 다 준행하였더라"(창 6:22).

성경에는 하나님께서 위대한 구원의 역사를 이루어 가시는 장쾌壯快한 드라마가 가득합니다. 그리고 그 구원의 역사의 중심에는 항상 하나님의 사람이 있습니다. 하나님께서 그를 들어 역사가 바뀌는 가슴 벅찬 순간에 두시는 것입니다.

창세기 1장에는 놀라운 천지창조의 기록이 펼쳐집니다. 하나님께서 말씀하시는 대로 이 세상이 모양을 갖추어 빚어져 가는 것입니다. 그처럼 성경의 마지막 장인 요한계시록에도 새 하늘, 새 땅이 창조되어 하나님의 통치가 온전히 실현됩니다.

"또 내가 새 하늘과 새 땅을 보니……거룩한 성 새 예루살렘이 하나님께로부터 하늘에서 내려오니……주 하나님 곧 전능하신 이와 및 어린 양이 그 성전이심이라……사람들이 만국의 영광과 존귀를 가지고 그리로 들어오겠고……오직 어린 양의 생명책에 기록된 자들뿐이라"계 21장.

하나님의 천지창조와 마지막 새 창조 사이에 벌어지는 일들은 사람들 간의 갈등과 투쟁의 기록이라 해도 지나치지 않을 것입니다. 성경 속에서 우리는 하나님께서 하나님의 백성을 쓰셔서 불순종의 사람들을 징벌하시기도 하고, 정복하시기도 하며 때로는 선교해 가시는 역사를 볼 수 있습니다. 그리하여 하나님께서 마지막에 이루실 새 하늘과 새 땅의 위대한 승리, 당신의 모든 피조물들을 창조의 섭리에 맞도록 순종케 하시는 역사의 흐름을 따라 우리도 함께 소리 높여 하나님을 찬양하였습니다.

하나님의 구속의 대 드라마에는 하나님의 일하심이 있습니다. 하나님은 당신의 사람들을 드라마의 주인공으로 택하십니다. 경건한 신앙을 잃은 패괴한 땅에서 단 하나의 샛별과 같이 빛나는 신앙을 지닌 노아를 하나님은 주목하셨습니다. 노아는 그 시대의 수많은 사람들과 다른 방식으로 살아감으로써 하나님의 사랑을 받았으니 이것이 바로 순종하는 삶이었습니다.

우리는 새 하늘과 새 땅이 창조되기 직전의 시대를 지나고 있습니다. 그때가 언제일지 우주의 창조주 하나님 외에 아무도 알지 못하는 그 날에, 벼락같이 닥쳐 올 그 날에 우리 성도들의 지난 행적과 믿음의 세계가 어떠했는지 주님 앞에 낱낱이 밝혀질 것입니다. 그때 새 세상이라는 무대 위에 주인공으로 서기를 기다리며 눈을 빛내는 사람이 있는가 하면, 신앙생활의 이력서가 합당치 못하여 뒷문으로 쫓겨나는 사람이 있을 것입니다.

여러분의 신앙의 이력에는 '순종'하였던 기록이 얼마나 있습니까?

마음에 두고 생각하기

우리의 삶의 모든 행실과 하나님과 인간을 향하여 품었던 모든 마음들……. 그날에 낱낱이 드러날 텐데 어찌하여 불꽃같은 하나님의 눈을 가리고 심판이 임박했음에도 그분 앞에 무릎 꿇어 눈물로 용서를 구하지 않고 살아가고 있습니까? 어찌하여 이 어그러진 삶을 고쳐 달라고 하나님께 간절히 매달리지 않고 있습니까? 지금도 늦지 않았습니다. 우리는 그리스도의 의를 힘입어 하나님 앞에 나아가 다시 새롭게 시작하는 것 외에는 소망이 없는 자들입니다. 여러분 자신을 면밀히 성찰해 보십시오. 그래서 발견된 악과 패역이 있다면, 우리는 오직 그리스도를 의지하는 믿음으로 하나님 앞에 담대히 나아가 순결한 그리스도의 신부의 모습을 회복해야 합니다.

오직 하나님이 명하신 일을 하고 있습니다

"노아가 그와 같이 하되 하나님이 자기에게 명하신 대로 다 준행하였더라" (창 6:22).

본문을 히브리 성경에서 살펴보면 이러합니다. "그리고 노아는 하나님이 그에게 지시하신 모든 것을 따라서 행했다." 하나님께서 지시하신 모든 것은 성경에 자세하게 기록되어 있습니다.

우리는 그 부분을 대수롭지 않게 읽고 지나가지만 노아 혼자서 하나도 빠짐없이 이행하기에는 너무도 벅찬 지시 사항이었습니다. 노아가 바보가 아닌 이상, 그 일을 다 해내기까지 그가 얼마나 많은 수고와 노력을 쏟아야 하는지 너무도 잘 알고 있었을 것입니다.

하나님의 홍수 심판은 이미 120년 전에 노아에게 계시되었습니다. 노아는 하나님의 계시가 있고 난 이후 120년 동안 쉼 없이 방주를 만드는 일에 전 생애를 드렸습니다.

노아의 방주는 우리가 흔히 생각하기 쉬운 배의 형태가 아니라 상자의 모양과 흡사합니다. '상자'는 히브리어로 '테바' תֵּבָה 인데, 이 말은 어린 모세가 나일 강에 버려질 때 담겨 있었던 갈대 상자와 같은 단어입니다 출 2:1-6. 방주는 길이가 약 180미터, 높이가 약 30미터였으니, 지금으로 치면 축구장 3곳을 더한 것과 비슷하고, 농구장 약 27곳을 더한 것과 크기가 비슷합니다.

이런 엄청난 규모의 방주를 만들기 위해서 노아는 자기의 전 생애를 드렸습니다. 120년 동안 그는 사사로운 일에 시간을 쏟을 수도 없었고, 자신을 위한 취미생활 하나 갖지 못했을 것입니다. 물 위에 띄울 일종의 배를 만들고 있었는데, 비가 올 기미가 보이지 않는 날이 많았을 것이고, 그럴 때마다 비웃는 사람들의 조소를 견뎌내야 했습니다. 인정해 주는 사람이 하나도 없는 '왕따' 신세를 면할 날이 없었음에도 그는 마음을 그 어떤 곳에도 내어 주지 않고 끝까지 하나님의 지시하신 모든 것을 지켜 순종하였습니다. 120년 동안이나 말입니다.

노아는 상상할 수도 없는 오랜 시간 동안 하나님의 지시하신 모든 일을 이행하였을 뿐만 아니라, 모든 지시를 완전히 행하였습니다. 예를 들어, 하나님께서 방주를 잣나무로 만들라고 하셨는데, 아무 나무나 흔한 것을 잘라다가 만들었다고 해봅시다. 그리고 역청을 칠하라고 하셨는데 그것도 무시했다고 해봅시다. 어떤 일이 벌어질까요?

잣나무는 물이 덜 스며드는 조밀한 조직으로 된 침엽수입니다. 그래서 홍수에도 끄떡없는 최고의 소재입니다. 그리고 역청은 방수와 접착에 뛰어난 접착 재료입니다. 이런 하나님의 의중을 파악하지 못하고 노아의 마음대로 하였더라면 방주는 홍수를 피하지 못하고 그 패괴한 세상과 함께 모두 쓸려 내려갔을 것입니다. 아주 사소해 보이는 일에 대한 순종의 여부가 나중에는 도저히 좁힐 수 없는 결과를 가져온다는 사실을 명심하십시오.

하나님을 믿는 사람들이라면 누구나 하나님께 순종하고 싶어 합니다. 그래서 대부분 눈에 띄는 불순종을 일삼으며 살지는 않아 보입니다. 하지만 우리의 순종이 노아의 순종처럼 아주 작은 것까지 순종하고자 하는 완전지향의 순종인지 생각해 보아야 할 문제입니다. 우리는 대부분 순종하다가 어느 시점에서 스스로 싫증을 느끼고 순종의 삶을 포기하는 경우가 허다합니다. 우리의 순종에는 물음표, 말줄임표, 쉼표뿐입니다. 마침표를 찍지 못하는 순종은 엄연히 말해서 순종이라고 할 수 없습니다.

하나님의 말씀은 그 어느 것도 소홀히 여길 것이 없습니다. 계명의 크고 작음은 우리의 판단 영역이 아닙니다. 우리는 그런 가치 판단을 내리는 불손함을 행하기 전에, 그 어떤 계명이라도 모두 온전히 지켜 행할 수 있는 지혜를 궁구해야 합니다.

노아의 꾸준하고 온전한 순종의 삶의 정신이 여러분의 모든 삶에 배이도록 하십시오. 여러분은 가정, 직장, 그리고 교회에서 맡은 자리들이 있습니다. 객관적으로 보자면, 그 일이 자신이 하기에는 너무 단순한 일이고 불필요해 보이는 일일 수도 있습니다. 하지만 그런 가치 판단이 여러분에게 속한 것이 아니기에, 그런 판단 이전에 '주님! 끝까지, 온전히 순종하겠습니다.' 하는 마음으로 하나님의 지시 사항을 전인격으로 받아들이십시오. 우리의 그런 순종을 통해 하나님은 당신의 일을 이루십니다.

우리의 한동안 하는, 대충하는 섬김 때문에 하나님의 크신 일의 성취가 미루어지는 일이 없도록 두려운 마음으로 순종합시다. 그리고 그 위대한 일에 쓰임 받는 도구가 여러분에서 또 다른 사람으로 바뀌는 일이 없도록 긴장을 늦추지 말고 온전히 순종합시다.

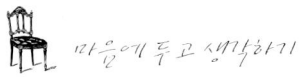 마음에 두고 생각하기

누가 뭐라고 하든지 신자는 하나님께서 명령하신 일을 묵묵히 해내면 그것으로 족합니다. 하지만 인간은 자신의 명철과 백만 인의 의견을 의지하여 하나님의 명령과 상관없이 땀을 흘리는 어리석음을 면치 못할 때가 많습니다. 하나님께서 우리를 인정하시고, 기뻐하시면 우리는 그것으로 만족할 수 있지 않습니까? 하나님께서는 스스로 만족할 때까지, 혹은 남의 인정을 받을 때까지 순종하는 사람이 아니라 하나님의 인정을 받을 그날까지 오직 하나님께서 명하신 일을 다 준행하는 순종의 사람을 찾으십니다.

"왜?"가 아니라 "네!"입니다

"노아가 그와 같이 하되 하나님이 자기에게 명하신 대로 다 준행하였더라"(창 6:22).

이 눈에 아무 증거 아니 뵈어도 믿음만을 가지고서 늘 걸으며
이 귀에 아무 소리 아니 들려도 하나님의 약속 위에 서리라

우리 신자들에게 익숙한 찬송의 한 구절입니다. 이 찬송을 흥얼흥얼 따라 부르기는 쉽지만 노래 가사처럼 살아가리라고 다짐하는 이들은 얼마나 될까요? 그런데 바로 노아가 이 찬송처럼 살았습니다.

하나님께서는 노아에게 삼층으로 방주를 지으라고 하시면서 그 이유를 설명해 주시지 않았습니다. 정해 주신 크기대로 또 정해 주신 위치에 창문을 내라 하셨지만, 그 이유 역시 함구하셨습니다. 방주의 안팎에 반드시 역청을 칠해야 하는 이유도 노아는 묻지 않았습니다.

그럼에도 불구하고 노아는 '하나님이 명하신 대로' 다 준행하였습니다. 어떻게 그럴 수 있었을까요? 우리는 무슨 일을 하든지 간에 그 일의 전후 상황과 진행 과정을 충분히 이해하고서 일을 맡고 싶어 합니다. 그런데 노아는 하나님의 말씀에 물음표를 달지 않았습니다. 하나님의 말씀 자체가 삶의 기준이 되었기 때문이었습니다.

하나님의 말씀이 사고와 행동의 첫 출발점입니다. 우리는 들려주시는 말씀을 주의 깊게 받아들이며 힘써 준행하는 데 모든 에너지를 쏟아내면 그만입니다. 하나님이 명하신 일을 할 때, 중요한 것은 일을 하는 '나'가 아니기 때문입니다. 중요한 것은 '하나님의 생각'입니다.

노아의 관심은 온통 하나님의 생각이 어떠한지에 집중되어 있었습니다. 홍수 심판이 있을 것과 방주를 지으라는 하나님의 말씀을 들을 때마다, 그는 지극히 경건한 태도와 마음으로 한 자, 한 자를 마음에 새겼고, 새긴 그대로를 행하였습니다.

우리에게도 하나님의 말씀을 듣는 통로가 있습니다. 예배를 드림으로써, 성경을 읽고 묵상함으로써, 성령 하나님의 도우심으로 주님은 우리에게 음성을 들려주십니다. 이처럼 하나님께서는 늘 당신의 마음과 입술을 열어 우리에게 말씀하십니다. "나의 책망을 듣고 돌이키라 보라 내가 나의 신을 너희에게 부어 주며 나의 말을 너희에게 보이리라" 잠 1:23. 하나님께서는 길거리에서 부르며 광장에서 소리를 높이시고, 길거리에서 소리를 지르며 성문 어귀와 성중에서 그 소리를 발하십니다 잠 1:20-21.

하지만 우리의 반응은 어떻습니까? "……듣기 싫어하였고 내가 손을 펼지라도 돌아보는 자가 없었고 도리어 나의 모든 교훈을 멸시하며 나의 책망을 받지 아니하였은즉" 잠 1:24-25. 이것이 우리의 반응입니다. 여러분은 행여 하나님의 음성이 들릴까봐, 자신이 원치 않는 방향으로 인생의 계획을 수정하게 하시면 어쩌나 전전긍긍하여 문을 꽉꽉 닫고 자물쇠를 채우고 있지는 않습니까?

수시로 우리를 살피면서 하나님의 음성을 들으십시오. 하나님의 뜻대로 순종하며 나아가는 것을 두려워하지 마십시오. 고난이 와도 고난을 통해 더 친밀하게 만나 주실 하나님을 기대할 수 있는 이유는 하나님은 미쁘신 분이기 때문입니다 고전 10:13. 미쁘시며 인격적인 하나님께서는 당신의 이야기를 귀기울여 듣는 자들에게 다가가셔서 당신이 품고 계신 생각을 펼쳐 보이십니다. 하나님의 생각을 아는 자가, 그분의 의중을 아는 자가 하나님의 뜻대로 살 수 있는 가장 좋은 조건을 갖춘 사람입니다.

순종하기 위한 최적의 상태를 유지하십시오. 언제나 하나님의 말씀을 듣고 그 뜻대로 행하고자 하는 준비가 되어 있는 마음 밭을 소유하시기 바랍니다. 그 마음은 하나님의 말씀과 명령 앞에서 "왜?"가 아니라 언제든지 "네!" 할 준비가 된 마음이 아닐까요?

 마음에 두고 생각하기

그리스도인들이 순종하지 못하는 가장 큰 이유는 하나님의 뜻이 무엇인지 모르는 데 있습니다. 하나님께서는 늘 말씀하시지만 우리는 그 음성을 듣지 못하거나 들어도 나름대로 해석하여 그 말씀에 온전히 순종하지 못하기 일쑤입니다. 시시때때로 들려오는 하나님의 말씀을 있는 그대로 받아 먹고, 명하신 대로 조금도 더하거나 빼지 않고 행하는 것이 온전한 순종입니다. 하나님의 말씀이 설령 피하고 싶은 명령이라 할지라도 그분의 뜻을 충분히 헤아려 기꺼운 마음으로 순종할 수 있도록 여러분의 지성과 마음과 의지가 늘 준비되어 있어야 합니다.

노아가 받은 축복 1 : 하나님과 동행함

"……그가 하나님과 동행하였으며"(창 6:9下).

누구든지 자기가 별로 좋아하지 않는 사람과 밥을 먹는 일을 참 버거워합니다. 그런데 이것보다 더 힘든 일이 있습니다. 그것은 그와 함께 하는 여행입니다.

멀리 기차여행을 가기 위해 들뜬 마음으로 출발 시간보다 좀 일찍 도착해서 표를 사고 기차 플랫폼에 앉아 있습니다. 기차가 언제 올까 기다리며 고개를 쭉 빼는데, 낯익은 사람의 형상을 얼핏 보았습니다. 왠지 기분이 좋지 않았습니다. 다시 자세히 보니, 바로 그 사람, 인사를 안 하기도 뭣하고 반색을 하기도 뭣한 그 사람이 아닙니까? 서로 어색하게 인사를 하고 마침 도착한 기차에 올라탑니다. '제발 같은 칸만 아니길…….' 하는 마음으로 먼저 자리를 잡고 앉았는데, 목덜미가 계속 따끔거리는 듯한 기분이 들면서 한 사람이 다가옵니다. 이런, 제 앞자리에 앉는 그 사람은 방금 전 어색한 인사를 마친 바로 그 사람이었습니다. 이 사람과 함께 하는 여행은 진정한 의미의 여행이라고 할 수 없습니다. 재충전을 위해 택한 여행길에서 뜻밖의 사람을 만나 완전히 에너지를 소진하게 생겼으니 말입니다. 하나님도 호好, 불호不好가 정확하신 분입니다. 인격적이신 하나님도 좋아하는 사람과 함께 다니는 것을 기뻐하시지, 싫어하는 사람과 다니는 것은 하나님께도 고통스러운 일입니다.

성경에 하나님과 동행하였던 대표적인 인물 중에 하나가 에녹이었습니다. 에녹이 있기 전에 아벨이나 에노스같이 하나님의 축복을 받았던 사람들이 있었지만 그들에게는 하나님과 동행하였다는 표현을 쓰지 않았습니다. 그런데 유독 에녹 한 사람에게만 동행이라는 표현을 썼습니다. 그는 65세에 므두셀라를 낳고 300년을 하나님과 동행한 후에 죽음을 보지 않고 하늘로 들려 올라간 아주 전설적인 인물입니다. 하나님께서는 '동행'이라는 표현을 아끼고 아껴 두셨다가 가장 당신의 마음에 합당하고 기뻐하시는 사람에게 사용하셨습니다.

하나님께서 한 사람과 동행하신다고 하는 것은 그의 존재와 그의 삶을 모두 기뻐하신다는 말의 또 다른 표현입니다. 하나님께서 한 사람의 존재를 기뻐하실 때, 그 사람은 하나님과 늘 함께 하는 축복을 누릴 수 있습니다. 이 축복은 특별히 영적인 삶 속에서 풍성하게 경험됩니다. 하나님이 동행해 주시는 사람에게는 하나님과의 탁월한 친교의 세계가 있습니다. 하나님과의 깊은 친밀함 속에서 그 영혼의 세계는 더욱 기름지게 됩니다. 하나님과의 친교가 있기 때문에 늘 그 마음속에 하나님에 대한 사랑이 있고 주님을 향한 경외심이 가득합니다. 하나님을 향한 사랑과 경외심은 그로 하여금 하나님께 순종하는 삶을 살아가게 합니다. 순종의 삶은 하나님을 기쁘시게 하는 삶이기 때문에 하나님께서는 그가 무엇을 행하든지 형통한 길을 열어 주십니다.

물론 하나님과 동행하는 중에도 고난과 위기가 있을 수 있습니다.

온갖 어려움을 만나고 채워지지 않을 것 같은 결핍을 경험하며, 아무도 돕는 이 없는 곤고한 상황을 만나기도 합니다. 하지만 그때에도 하나님이 늘 함께해 주신다는 확신과 실증이 있기 때문에 낙망하지 않고 끝까지 주님을 의지하며 살 수 있는 용기를 갖습니다. 그래서 그들의 입술에서 끊이지 않는 고백이 있습니다. "주님, 당신만으로 충분합니다."

우리 인생에는 필요한 것이 참 많습니다. 돈이 필요해서 돈을 벌려고 몸부림을 쳐 보기도 합니다. 그래서 남부럽지 않게 돈을 모으면, 이번에는 가정에 불화가 생깁니다. 다시 가정을 잘 가꾸어 보려고 동분서주하면서 간신히 회복되고 나면, 그 다음에는 건강을 잃어버립니다. 그렇습니다, 인생이 그런 것입니다.

하지만 이 모든 결핍과 문제들을 한번에 풀 수 있는 하나의 해결책이 있으니, 그것이 바로 '하나님과 동행함'입니다. 하나님께서 우리를 기쁘게 여기셔서 늘 함께 계시는데, 무엇을 아끼시겠습니까? 만일 아끼신다면, 그것은 우리에게 없어도 되는, 오히려 우리에게 해가 되는 자원일 것입니다. 사람들은 사랑하는 사람에게 자기를 희생해서라도 그의 필요를 채워 주고 싶어 합니다. 사람의 마음도 이러할진대 하나님은 오죽하실까요?

본문은 노아가 하나님과 동행하였던 사람이라고 이야기합니다. 노아가 하나님과 동행하는 축복을 누렸던 이유가 무엇일까요? 그가 순종하는 사람이었기 때문입니다. 하나님과 교통하는 신령한 생활을 이어 가기를 원하는 사람들은 하나님과 동행하였던 노아라는 인물을 통해 순종에 대해 많이 배우고 깨달아야 합니다. 그는 어느 날 갑자기 하나님의 계시를 받고 순종을 결심한 사람이 아니었습니다. 성경은 우리에게 침묵하고 있지만 노아의 이전 삶이 어떠했는지 우리는 짐작해 볼 수 있습니다. 하나님께서 엉망으로 사는 사람을 불러서 그렇게 중요한 일을 맡기시지는 않으셨을 것이기 때문입니다. 노아는 이미 하나님의 시선에 들어온 사람이었습니다. 썩어져 가는 세대와 구별된 거룩한 사람, 하나님의 말씀이라면 끝까지 온전히 순종하는 사람이었습니다. 그래서 하나님께서는 그를 택하시어 그와 재창조의 언약을 맺으시고, 마지막에 될 위대한 일들을 그에게 계시하셨습니다.

우리는 영적으로 핍절한 삶을 살게 되는 이유를 세상 풍조에서 찾을 때가 많습니다. 하지만 그것이 얼마나 어리석은 일인지 노아가 입증해 보여 주고 있습니다. 어둡기만 한 세대 가운데 하나님 앞에 경건하고 의로운 삶을 살아 하나님과 동행하였고, 하나님의 모든 분부를 순종하여 지킨 사람이었기 때문에 오히려 타락한 시대 풍조가 노아를 하나님의 눈에 더 잘 띄게 해주는 배경색이 되었습니다. 마치 검은 천 위에 떨어진 작은 보석이 더 눈에 확 띄는 것처럼 말입니다. 우리는 이 시대를 탓할 수 없습니다. 그리스도인이 풍성한 삶을 누리지 못하는 이유가 시대 속에 있지 않고 그리스도인 각자가 하나님 앞에서 어떤 존재인가에 달려 있음을 노아의 삶이 입증하기 때문입니다.

여러분의 영혼과 마음의 갈피갈피를 정직하게 들추어 보십시오. 과연 하나님과 동행한 흔적들이 배어 있습니까? 또 여러분의 삶은 이 땅 가운데 어떻게 드러나고 있습니까? 세상이 어두우면 어두울수록, 이 세대가 악하면 악할수록 그리스도인에게 있어 하나님과 동행하는 축복은 너무도 귀합니다. 아무리 애를 써도 결핍만을 양산해 내는 상대적 빈곤이 가득한 이 세상, 점점 오염되어서 그리스도의 신부로서 순결을 지키기가 힘들어지는 이 세상, 이럴 때일수록 하나님이 필요합니다. 아니, 하나님만 필요합니다.

여러분이 구하는 축복은 무엇입니까? 저라면 하나님 자신을 구하겠습니다. 하나님께서 그것을 가장 기뻐하시고, 하나님께서 진정 우리에게 주시기 원하시는 것이 하나님 자신이기에, 그리고 그분만큼 내게 만족을 주는 이도 없기에…….

이런 복을 원하십니까? 노아 할아버지의 나지막하고 어눌한 목소리를 들어보십시오. "여러분, 순종하세요. 주님이 정말 기뻐하세요. 주님이 동행해 주신다니까요."

 마음에 두고 생각하기

우리는 하나님을 믿는 그분의 자녀이면서도 어디에 마음을 두고, 무엇을 추구하며 살고 있습니까? 우리가 구하여야 할 유일한 가치인 하나님, 그분 자신을 추구하고 그분과 동행하기를 갈망하였더라면 우리는 그분이 기뻐하시는 모습으로 더 많이 변화되어 있었을 것입니다. 하나님만이 소망이라고 고백한 하나님의 자녀들에게 그분과 동행하며 가까이 지내는 것 이상의 복이 어디 있겠습니까? 이제 결단하십시오. 하나님께서 버리시기 원하시는 모든 것들을 내려 놓고, 하나님과의 즐거운 동행을 시작할 수 있도록 여러분의 삶을 정비하십시오.

노아가 받은 축복 2 : 가족 구원

"……너는 네 아들들과 네 아내와 네 자부들과 함께 그 방주로 들어가고"(창 6:18).

구약 시대를 살았던 불꽃같은 믿음의 선지자들 중에 유일하게 하나님께 불순종했던 선지자 요나가 있었습니다. 요나는 "니느웨로 가라." 하시는 하나님의 말씀을 듣고도 자기 좋을 대로 행하여 다시스로 가는 배에 올랐습니다. 그러자 배는 바다 한가운데에서 큰 풍랑을 만났습니다. 단 한 사람, 요나의 불순종으로 인해 배에 탄 모든 사람들의 목숨이 위태로워진 것입니다.

첫 사람 아담의 불순종으로 인해 인류가 죄에 오염되었던 것처럼, 단 한 사람 예수 그리스도의 의로운 순종이 인류의 구원을 이루었습니다. 노아가 하나님께 순종하며 살았기에 그의 가족들은 재앙의 날이 닥쳤을 때 구원의 방주 안에서 생명을 보존할 수 있었습니다. 이처럼 한 사람의 순종과 불순종은 결코 자기 자신만의 문제로 끝나지 않습니다. 그가 속한 가정과 공동체, 나라와 인류와 관계된 중대한 문제입니다.

하나님께서 우리의 가정을 구원하실 때, 어떻게 그 일을 이루시는지 생각해 보십시오. 하나님께서 한 가정을 구원하실 때에는 먼저 어느 한 사람을 택하셔서 그에게 은혜를 주시고, 그를 순종케 하심으로써 그 가족을 위해 썩는 한 알의 밀알이 되게 만드십니다. 물론 때때로 한 사람이 아니라 온 가족이 함께 단번에 소낙비를 맞듯 저항할 수 없는 하나님의 은혜를 받고 믿음을 갖게 되는 경우도 있습니다. 하지만 이런 예는 흔하지 않고, 더 많은 경우에 하나님께서 그 가정을 위해 죽을 수 있는 한 사람을 택하십니다. 그 사람을 택하시고 그가 하나님 앞에서 그리고 가족들 앞에서 죽어져 가는 과정을 통해, 스스로 자기 안에 있는 불순종의 본성을 보게 하시고, 그래서 더욱 주를 의지하면서 성화의 길을 걸어가게 만드십니다. 그의 삶을 통해 주위 사람들이 예수 그리스도를 시인하는 놀라운 역사를 이루십니다.

어떤 그리스도인은 평소에는 가족들을 위해 기도 한 마디도 안 하다가 교회에서 믿지 않는 가족을 초청하는 행사를 하면 그제서야 "엄마, 회개하지 않으면 죽어. 아빠, 하나님이 화나시면 얼마나 무서운지 알아? 단칼에 날려 버리신댔어." 이렇게 협박조로 가족들을 설득해 보려고 합니다. 이것은 복음이 아니라 그야말로 공갈 협박입니다.

우리도 한때는 하나님을 대적하던 몹쓸 죄인이었습니다. 그런데 예수 그리스도를 영접하고 회개하니까 하나님께서 고치시고 새 사람으로 빚으신 것 아닙니까? 가족의 영혼을 위해 눈물을 흘려 기도하라고 불러 주신 가족 구원의 사명의 자리에서 순종할 때, 하나님께서는 나 한 사람을 통해 가족 구원의 위대한 역사를 척척 진행해 가실 것입니다.

노아의 나이가 많았기 때문에 방주를 만들 때 노아 혼자 그 일을 하지는 않았으리라 짐작됩니다. 그의 자녀들과 자부들을 모두 동원하여 그 일을 감당했을 텐데, 그 과정 중에서 노아의 식구들 중 한두 명쯤은 방주를 만드는 일에 의구심을 품고 도대체 왜 우리에게 이 일에 동참하도록 하는지 모르겠다며 반항하는 사람이 있었을 수도 있습니다. 120년 동안 모든 식구들이 달라붙어 그 일을 했다면 그 숱한 세월 동안 얼마나 많은 일들이 있었겠습니까. 방주를 짓는 동안 일어났을 일 모두를 세세히 알 수는 없으나 마침내 노아의 방주는 완성되었습니다. 노아 한 사람의 순종이 가족들에게도 영향을 미쳐, 온 가족이 순종의 반열에 드는 놀라운 역사가 이루어진 것입니다.

한 사람이 하나님과 동행하며 순종하는 삶을 살면 그는 자신뿐만 아니라 주위의 모든 사람들로 하여금 그런 삶을 살게 되기를 열망하도록 합니다. 다시 말해 그 사람은 많은 사람들에게 순종하는 자의 뒷모습을 보여 주어, 그들을 순종의 자리로 이끕니다. 순종하는 사람들의 귀에는 아직도 하나님 앞으로 돌이키지 않고 불순종의 자리에서 하나님의 진노를 부르고 있는 사람들의 애곡하는 소리가 들립니다. 그리고 순종의 사람들은 애곡하는 영혼들을 보고 안타깝게 여기시는 하나님의 탄식 소리를 듣습니다.

노아의 때와 마찬가지로 세상은 교회라는 방주를 보고 어리석고 우둔하다고 말합니다. 하나님 앞에서, 그리고 아직도 하나님 앞으로 돌아오지 않은 가족들 앞에서 자기를 죽이고 낮아지는 삶을 보며 비웃기까지 합니다. 그러나 주께서 오시는 마지막 날에 이 세상에 있는 모든 피조물들이 하나님의 불같은 심판을 피할 수 있는 길이 하나님의 교회의 진실한 회원이 되는 것 이외에 다른 길이 있는지 생각해 보십시오.

하나님께서 이스라엘 백성들에게 가나안 땅을 주시면서 그곳에 들어가 첫째도, 둘째도 순종하는 백성이 되라고 신신당부하신 것처럼 그리스도를 기업으로 삼은 하나님의 백성인 우리들에게도 순종을 요구하십니다. 그리고 우리의 순종을 통해 주위의 많은 가족들과 친구들이 아울러 구원받아 순종하는 하나님의 백성이 되기를 간절히 원하십니다. 형식적인 신자 백 사람의 영향력보다는 진실한 신자 한 사람의 영향력이 탁월합니다. 한 사람의 순종, 그것이 관건입니다. 하나님의 위대한 구원의 역사를 위해 여러분을 순종의 제물로 드리지 않으시겠습니까?

 마음에 두고 생각하기

여러분의 마음을 무겁게 하고 영적인 부담으로 다가오는 영혼들이 있습니까? 하나님께서 그런 부담을 주신 것은 여러분을 도구로 사용하셔서 그 영혼들을 구원하시기 위함입니다. 바로 그 영혼들의 구원이 여러분의 사명입니다. 그 복된 자리에 불러 주신 하나님께 감사하십시오. 그리고 우리 자신이 깨어지고 낮아지는 순종의 삶으로, 영혼 구원이라는 위대한 역사가 이루어질 수 있다면 하나님께 우리 자신을 기꺼이 내어 드림이 마땅하지 않을까요?

내 삶을 향기로운 제사로 받으소서

"노아가 그와 같이 하되 하나님이 자기에게 명하신 대로 다 준행하였더라" (창 6:22).

저는 강원도에 다녀 올 때마다 한계령이나 미시령에 들러서 꼭 사 오는 것이 있습니다. 그것은 메밀가루입니다. 우리집 식구들이 다 좋아하는 식재료입니다. 그 가루로 수제비도 해 먹고, 만두도 빚어 먹습니다. 그런데 똑같은 메밀가루라도 가격이 천차만별입니다. 어떤 것은 적은 양quantity인데도 가격이 다른 것에 배 이상 비쌉니다. 가격이 그렇게 차이가 나는 이유는 아주 간단합니다. 그 가루의 순도 때문입니다. 메밀 함량에 따라 가격이 달라집니다. 하나님께 드리는 우리의 순종은 몇 %의 순도입니까? 얼마나 질 높은 순종입니까?

"다 준행하였더라." 이 말씀은 노아의 순종의 질quality을 묘사합니다. 순종의 질은 순종의 범위와 비례합니다. 다시 말해 하나님은 우리의 순종이 전방위적인 순종이 되기를 원하십니다. 우리가 처한 위치, 상황, 장소가 어디든지 그 모든 곳, 모든 때, 모든 상황에서 하나님께 순종하는 것이야말로 하나님께서 기뻐하시는 순도 100%의 순종입니다.

가끔 직장 생활을 하다 보면 예수 믿는 사람이라고 말 안 하는 것이 오히려 선교에 도움이 될 만한 크리스천들이 참 많습니다. 예전에 제가 직장 다닐 때 한 상사가 있었습니다. 그는 아침이면 찬양을 흥얼거리면서 출근합니다. "나 같은 죄인 살리신……." 그런데 이상하게 그 찬송가가 끝나기도 전에 소리를 고래고래 지르며 장부를 집어 던집니다. 그러면 직원들은 이렇게 숙덕거립니다. "아무개가 또 봉투를 안 갖다 넣어 줬구먼."

한번은 사업하는 사람들 중에 교회 와서 돈을 물 쓰듯 쓰는 사람을 보았습니다. 어느 교회 장로님이셨는데, 제가 그 교회 집회의 강사로 갔을 때, 그곳에 모인 450여 명의 성도들에게 2만 5천 원짜리 뷔페를 대접하셨습니다. 제 돈은 아니었지만 정말 아까운 생각이 들었습니다. 그리고 한편 이런 생각도 들었습니다. '교회에서는 아낌없이 베푸는데 과연 자신의 사업장에서는 어떤 모습일까?' 물론 그분이 그렇다는 말은 아니지만 그렇게 교회에서는 자선사업가라도 되는양 인심을 쓰다가 한 사업체의 사장으로서 인색하고 포악한 고용주인 사람들을 종종 보아 왔기 때문에 노파심에서 그런 생각을 해보았습니다.

언제나, 어디서나, 누구와 함께 있든지, 혹은 홀로 있든지, 하나님이 코 앞에서 자신을 지켜 보시는 것처럼 전방위적으로 순종해야 그의 삶의 질이 노아와 같이 하나님께서 인정하시는 수준이 되지 않을까요? 교회에서는 세상에 없는 천사의 얼굴이다가, 직장에서는 맹수와 같이 변하고, 가정에서는 폭군으로 돌변하고, 사람들이 많은 곳에서는 순한 양처럼 굴면서, 집으로 돌아가면 고양이처럼 날카로운 발톱으로 남편의 면상을 긁는…….

순종은 객기가 아닙니다. 한번의 충동으로 순종하였던 이력을 들고 뻔뻔스럽게 하나님 앞에 나아간다면 하나님께서는 "너의 순종은 함량 미달이란다." 하실 것입니다. 우리의 순종이 온전해지기 위해서는 순종하는 우리의 자세가 모든 삶에 켜켜이 스며들어야 합니다. 한두 가지 영역에서 적잖이 순종하고 넘치도록 희생하는 것을 아예 인정하지 말자는 것이 아닙니다. 그것조차도 안하는 사람들이 있기 때문에 그것 또한 훌륭합니다.

하지만 그 삶은 하나님께서 받으실 만한 향기로운 제물이 되지 못합니다. 전방위적인 순종의 삶을 통해 매 순간 하나님께 영광을 돌리는 삶이 바로 하나님께서 그토록 받고 싶어 하시는 영적 예배입니다. 하나님께서는 전 삶을 영적 예배로 드리는 사람들을 특별히 사랑하시고, 그들을 통해 하나님의 뜻을 이루어 가십니다.

고아의 아버지라 불리는 조지 뮬러George Muller, 1805-1898는 2천 5백 명이나 되는 고아들을 당시 영국의 중류층 아이들처럼 길렀다고 합니다. 그때만 해도 영국에 사회복지 정책이 체계화되어 있지 않았는데도 그는 그렇게 아이들을 길러냈습니다.

하루는 아침식사를 해야 하는데 빵도 우유도 아무 것도 없었습니다. 그런데 뮬러는 아이들을 모두 식당으로 불러 놓고, 컵과 접시만 놓고는 식사기도를 하자고 했습니다. 그는 눈을 지그시 감고 기도를 시작했습니다. "신실하신 하나님께서 오늘 아침에도 우리에게 식탁을 차려 주시니 참으로 감사합니다." 이 기도를 채 마치기도 전에 초인종이 울렸습니다. 우유를 가득 싣고 가던 차가 고장이 나서 도저히 점심시간까지 목적지에 배달을 하지 못할 것 같자, 고아들을 거둔다는 조지 뮬러 목사님의 소문을 듣고 그곳으로 가져온 것입니다. 그 이야기가 끝나자마자 빵 공장에서 빵을 잔뜩 실어 왔습니다. 이 일화는 우리에게 잘 알려져 있습니다. 우리는 평생 가야 이런 일을 한 번도 경험하지 못하는데 조지 뮬러 목사님은 5만 번이나 이런 기도의 응답을 받았다고 합니다. 그 비결이 무엇일까요? 그의 삶의 특징을 살펴보면 너무도 분명하게 알 수 있습니다. 그는 이렇게 고백하였습니다. "주님의 참 사랑을 경험하고 50년 동안, 모르고 불순종한 적이 있는지는 몰라도 알면서도 불순종한 적은 없었습니다."

과연 전방위적으로 순종하는 사람들의 삶은 남다른 구석이 있습니다. 하나님 보시기에 아주 특별하고 귀한 삶을 살아내지 않았습니까? 그런 자에게 하나님께서 무엇을 아끼시겠습니까? 하늘의 문을 여시고 온갖 보배로운 하늘 자원들을 마구 부어 주시지 않겠습니까? 여러분, 혹시 비교적 순종하는 사람들 틈에 끼어 이 정도면 괜찮다며 안심하고 계십니까? 제발 이 방면에 있어서는 여러분의 눈을 높이시기 바랍니다. 믿음의 선배들을 바라보십시오. 그 명하신 것을 다 준행하였던 노아, 회심 이후 불순종한 적이 없었다고 단언한 조지 뮬러……. 그들의 순도 높은 순종의 삶을 흉내라도 내 보십시오.

하나님께서 명하시면, "당신이 부르시면 그 명령에 순종하고 그 말씀대로 다 따르겠습니다. 여기서만이 아니라 어디서든지 내 삶을 모두 갈아 엎어서라도 당신의 뜻을 이루어 드리겠습니다." 하며 모든 것을 드리는 사람을 통해 하나님께서는 새로운 역사를 창조해 가십니다.

그런 사람이라면 아무리 초라한 처지에 있더라도 하나님께서 당신의 크신 능력을 부어 주셔서 특별한 사람으로 높이시고, 그를 새 역사의 중심에 세우실 것입니다.

전방위적인 삶의 순종, 그 삶 자체가 하나님께 드려지는 향기로운 제사입니다. 그의 존재가 하나님께 아주 향기로운 선물과 같을 것입니다.

 마음에 두고 생각하기

순종은 객기가 아닙니다. 하나님께서는 우리의 충동적인 한 번의 순종과 헌신을 보시고 깜빡 속아 넘어가시는 어눌한 분이 아니십니다. 우리의 머리카락까지 세신 바 되시고, 우리의 행동, 심지어 깊은 마음의 더러움까지 보시고 감찰하시는 하나님이십니다. 그 하나님께 우리의 삶을 향기로운 제물로 드리기 위해 우리는 전방위적인 삶의 영역에서 하나님 앞에 순종의 제사를 드려야 합니다.

주인공의 인생

"……내가 그것을 지었음을 한탄함이니라 하시니라 그러나 노아는……"(창 6:7下-8上).

본문은 '노아의 사적事蹟'에 대한 이야기로 시작합니다. '노아의 사적'이란, '노아의 연대기, 노아의 일생'을 말합니다. 노아의 사적은 이러하였습니다. "……노아는 의인이요 당세에 완전한 자라 그가 하나님과 동행하였으며"창 6:9. 노아는 하나님의 역사를 기록한 성경 갈피갈피에 자신의 흔적을 남겼습니다. 그는 하나님이 쓰신 역사의 주인공이었습니다.

창세기 39장에 등장하는 보디발은 애굽의 시위대장이었습니다. 당시 강대국이었던 애굽의 유일한 경호대장이었으니 그의 권세는 어마어마했을 것이며, 그의 집은 궁전을 방불하였을 것입니다. 그런데 그의 집에 있던 수많은 노예 중에 요셉이 있었습니다. 성경은 기록하기를, 요셉으로 인해 보디발의 집이 복을 받았다고 합니다창 39:5. 보디발의 권세와 명예, 그의 능력 때문이 아니라, 하나님이 함께 하시는 사람, 요셉 때문에 그의 집이 복을 받았습니다. 하나님께서 함께 하시는 이가 주인공이기 때문입니다.

여러분은 요셉, 노아와 같이 하나님의 역사에 주인공으로 발탁되기를 꿈꾸십니까? 교회를 위해 기도할 때 하나님께서 교회에 복 주시는 일들을 경험하고 싶으십니까? 아니면, 다른 사람이 기도하고 기도의 응답을 받았다고 기뻐할 때 옆에서 축하의 박수를 치시겠습니까? 아직 하나님을 모르는 가족들을 위해 하나님께 끊임없이 그리고 간절히 기도하여, 가족들이 하나둘 변화되어 주님께로 되돌아오도록 하는 이 기적의 중심에 여러분이 계셔야 하지 않겠습니까?

여러분의 회사의 생사가 여러분에게 달려 있다고 생각해 본 적 있으십니까? '이 나라의 운명이 나 한 사람에게 달려 있다!' 또는 '우리 가정의 행복과 불행이 다른 누군가가 아닌 바로 나에게 달려 있다!'는 생각은 해보셨습니까? '에이, 가정은 그렇다 쳐도, 직장이나 이 나라가 저 한 사람 때문에 바뀌겠어요?' 하고 웃고 지나치겠습니까? 여러분은 세상의 주인공도, 하나님 역사의 주인공도 아닌 조연 배우가 되기를 자처하시겠습니까?

지금이라도 진지하게 숙고하시기 바랍니다. 가슴에 손을 얹고서, 과연 자기 자신이 하나님이 쓰실 주인공이 되길 열망하고 있는지 구석구석 비춰보십시오. 비록 성경에 그 이름 석 자가 새겨지지 않더라도, 어쩌면 자신이 평생을 몸담은 교회에 그 이름이 기록되지 않는다 해도, 하나님의 마음에 새겨지는 주인공이 되십시오. '다름 아닌 내가 하나님을 의지하면서 기도할 때 놀라운 하나님의 역사가 일어나지만, 반대로 내가 바르게 살지 않으면 모두 무너지고 만다.'는 생각은 주인공만이 가질 수 있는 의식입니다.

여러분이 세상의 유혹을 거절하고 세상 사람들과 구별되어 살아감으로써 가정의 주인공, 직장의 주인공, 나라의 주인공이 되기를 소원한다면 하나님은 그러한 삶이 새겨진 한걸음 한걸음마다 축복을 내려주실 것입니다.

 마음에 두고 생각하기

우리는 책임을 져야 하는 자리를 피하고, 어떤 일의 주역이 되기를 피하는 소극적인 태도를 취할 때가 많습니다. 우리 민족 고유의 성향이 그렇다고들 하지만 우리는 한민족이기 전에 하나님의 백성이기에 그리스도인의 민족성은 확실히 달라야 합니다. 우리는 그 누구보다 하나님의 사랑을 많이 받고 싶은 귀여운 욕심에 사로잡혀야 합니다. 하나님의 위대한 사역이 진행되고 있는데, 그 핵심 멤버로 활동하지 못하고 남의 하는 일을 보며 이러쿵저러쿵 훈수를 두거나 뒤로 물러가 박수만 치는 조연의 삶을 탈피해야 합니다. 사랑하는 여러분, 하나님의 눈 밖에 나지 않는 삶만을 근근이 이어가시겠습니까? 아니면 하나님을 어떻게 하면 더 사랑하고, 그분을 더 기쁘시게 할 수 있을까 고민하며, 하나님의 눈에 넣어도 아프지 않는 자녀가 되시겠습니까?

상대적 의인, 노아

"……노아는 의인이요……" (창 6:9).

성경은 노아에 대해 두 가지 평가를 내렸습니다. 그 중 하나가 "의인"이었습니다. 그런데 성경은 "기록한 바 의인은 없나니 하나도 없으며"롬 3:10라고 분명히 말합니다. 성경은 처음부터 끝까지 저자이신 성령님께서 기록하신 말씀입니다. 그러므로 모든 성경의 기록들은 서로 충돌하지 않습니다. 그런데 이 두 개의 성경 증언이 논리적으로 충돌하는 것처럼 보이는 이유는 노아에게 내린 의인이라는 평가는 상대적인 것이었기 때문입니다.

성경은 하나님의 말씀이지만 인간에게 읽혀야 하는 책이기에, 표현에 있어서 그 이해를 돕기 위해 어떤 것은 인간사임에도 하나님의 관점에서 쓰이기도 하고, 하나님의 일임에도 인간의 표현을 빌어서 쓰기도 합니다. 노아가 의인이라는 말은 인간편에서 그를 보았을 때 그렇게 보인다는 표현입니다. 성경의 저자는 분명 성령님이시지만 각 책을 기록했던 사람들이 살던 시대상이 반영되기 때문에 그 당시 사람들의 관점에서 노아를 보았을 때, 그가 상대적으로 의로운 사람이었다고 표현하였습니다.

그러므로 노아는 절대적 의인은 아니나, 하나님을 철저하게 배역한 사람들 틈에서 순결한 하나님의 백성으로 남아 있던 상대적 의인이었습니다. 노아 또한 우리와 같이 불완전한 사람이었습니다. 홍수 심판이 끝나고 노아가 포도주를 마시고 고주망태가 되어 벌거벗고 드러누워 있다가 자식들에게 망신을 당하는 장면을 통해서도 그가 얼마나 허점이 많은 사람인지 짐작할 수 있습니다.

그래도 그는 패괴한 세대 가운데 하나님의 눈에 띄는 의로운 사람이었습니다. 하나님께서는 완전한 사람이 나타날 때까지 아무 일도 맡기시지 않고 기다리시는 분이 아닙니다. 완전하지는 않더라도 비교적 깨끗하고 하나님을 향한 순수한 마음이 있는 사람들을 통해 하나님의 역사를 이루어 가십니다.

구약에서 의롭다는 표현을 쓸 때, 그 기준은 '하나님의 법도를 얼마만큼 준수했는가'입니다. 물론 그 당시에는 지금처럼 풍부한 계명이 있지는 않았습니다. 그럼에도 하나님께서는 아담의 시대 때부터 수시로 하나님께서 현시하셔서 그 음성을 들려주셨고, 어떻게 살아야 하나님의 기쁨이 되는지, 하나님께서 싫어하시는 것은 무엇인지 일러 주셨습니다. 축적된 하나님에 관한 지식들은 입에서 입으로, 때로는 기록으로 전해져 내려왔습니다. 그런 하나님의 계명을 따라 노아라는 한 사람을 판단해 볼 때, 그는 의로운 사람이었습니다. 완벽하게 법도를 지켰기 때문이 아니라 그 시대의 뭇사람들과는 비교도 안 될 정도로 뛰어나게 하나님의 법도를 따라 행하는 사람이었습니다.

하나님께서 찾는 의인은 완전무결한 사람이 아닙니다. 하나님의 거룩하심과 의로우심 앞에서 우리 모두는 말도 안 되게 더러운 죄인이지만 그런 자신의 모습을 정직하게 하나님 앞에 토로하고 지금보다는 더 정결하게, 의롭게 살려고 애를 쓰는 사람, 그래도 부족한 자신 때문에 늘 그리스도의 의를 갈망하는 사람을 하나님께서는 찾으십니다.

여러분은 하나님의 법도를 인생의 가장 중요한 가치로 여기고 그것대로 살기로 작정하셨습니까? 그래서 자기를 죽이고 더 정결하게, 의롭게 살아 하나님의 눈에 들고 싶어 하십니까?

세상은 점점 의로운 하나님의 백성들이 더 드러날 수 있는 배경색이 되어 가고 있습니다. 더 어두워지고 있다는 말입니다. 하나님께서는 이 세대 가운데 보석처럼 영롱하게 빛날 의로운 사람을 찾고 계십니다. 그래서 그들에게 하나님의 나라를 회복시키는 귀한 사역을 맡기려고 하십니다. 노아처럼 '아무개는 당대의 의인이었더라.'는 평가 받기를 갈망하십시오. 완전할 수는 없지만 온전히 하나님을 바라고 그 시대의 뭇사람들과는 빛깔이 다른 의인이 되십시오.

 마음에 두고 생각하기

하나님께서는 다수의 사람들이 세상의 가치를 따라 줄달음질 칠 때, 늘 주님의 법도를 지켜 행하기를 즐겨 하는 한 사람의 의인을 찾으십니다. 물론 우리는 완전한 의를 소유할 수는 없습니다. 그래서 우리는 완전히 거룩하시며 완전한 의가 되시는 그리스도를 더욱 의지하는 신앙으로 그리스도의 십자가 앞에 날마다 나아가야 합니다. 그 십자가 앞에 설 때만 우리의 연약한 영혼이 날로 새롭고 강건하게 변화될 수 있습니다.

치열한 삶의 한복판에서 얻은 평가

"믿음으로 노아는 아직 보지 못하는 일에 경고하심을 받아
경외함으로 방주를 예비하여 그 집을 구원하였으니
이로 말미암아 세상을 정죄하고 믿음을 좇는 의의 후사가 되었느니라"(히 11:7).

　제가 알고 있는 한 신학교에 큰 사건이 있었습니다. 그 학교를 세운 목사님께서 수갑을 차고 감옥에 가는 일이 벌어졌습니다. 그분의 죄목은 공금횡령죄였는데, 그런 죄목이 성립하기까지의 과정이 참 재미있습니다.

　그분은 원래 부흥사로 활발히 활동하시던 분이라 외국 집회를 자주 다녀오시고는 했습니다. 그렇게 자주 학교를 비우니까 직원들이 학교의 자금 관리를 엉망으로 하는 것 같더랍니다. 그래서 검찰청에 고발을 해서 직원들을 수사해 달라고 의뢰하였습니다. 그런데 모든 수사를 마친 후 피고인이 된 사람은 다른 직원이 아니라 바로 수사를 의뢰한 그 목사님이셨습니다. 그 목사님은 학교에 남다른 애정을 갖고 있었습니다. 그래서 외국에 집회를 나가시면 어려운 학교를 도와주도록 사람들을 독려하여 많은 기부금을 얻어 왔고, 그것을 학교에 기부하였습니다. 그런데 그 학교보다 더 어려운 학교를 보면 도와주고 싶어서 자신이 기부한 금액의 일정량을 다시 떼어서 보내 주었습니다. 얼마나 기특한 마음입니까?

노아의 순종 · 53

그런데 이것이 문제였습니다. 이미 학교에 기부했던 돈은 학교의 자산인데, 그것을 자기 마음대로 빼서 도용한 것입니다. 그분의 마음은 하나님의 일을 열심히 하고 싶어 불타 올랐지만 이런 일의 규칙을 잘 몰랐기 때문에 본인의 의도와는 다르게 무법한 사람이 되어 버린 것입니다.

하나님을 열렬히 믿는다는 뭉뚱그린 윤곽만으로는 하나님을 온전히 기쁘게 해드릴 수 없습니다. 세세한 하나님의 규칙을 알아야 합니다. 위 이야기의 주인공 목사님께서 법정에 가서 자신의 과오에 대해 모르고 저지른 일이라고 한들 누가 귀담에 들어주겠습니까? 하나님 앞에서도 마찬가지입니다.

노아는 풍부한 성경 지식은 없었어도 주님의 경건한 백성들이 어떻게 살아야 하는지 하나님께서 일러 주신 원칙과 규칙, 법칙을 알고 있었기 때문에 불의한 다수의 사람들 틈에서 의로운 판단을 따라 행할 수 있었습니다.

사실 노아처럼 사는 일은 굉장히 힘듭니다. 한 사람의 마음속에 확고한 기독교 사상이 자리 잡지 않으면 불가능한 일입니다. 제가 직장에 다닐 때, 가장 고통스러웠던 문제는 모든 회사의 일이 투명하게 처리되지 않는 점이었습니다. 인사발령의 문제나, 재정관리의 문제 등등, 모든 일이 업무시간이 아닌 퇴근 후 술자리에서 이루어지고 있었습니다. 술 마시면서 청탁하고, 봉투도 건네고 하면서 이렇게 되어가던 일이 저렇게 마무리되기도 하고……. 이것이 아주 당연시되는 세상의 시류를 거스르며 사는 데에는 굉장한 희생이 뒤따릅니다.

그래서 본문에서 노아가 의인이었다는 간단한 증언은 하나님 앞에서 한 번의 칭찬받을 업적이나 간헐적으로 의로운 사람 시늉을 한다고 해서 들을 수 있는 말이 아닙니다. 비 올 기미가 비치지 않는 하늘, 그 하늘과 가까운 산꼭대기에 방주를 짓는 노아를 보면서 사람들은 "저 노인이 혼자 잘난척하더니 결국 정신이 나간 모양이군." 이렇게 말했을지도 모릅니다. 노아는 그 와중에도 하나님의 의로우신 심판에 대해 함구하지 않았습니다. 성경은 그가 세상을 정죄하고, 믿음을 좇는 의의 후사가 되었다고 증거합니다히 11:7.

사실 노아가 의인이라는 사실은 산꼭대기에서 방주를 만드는 것으로 입증된 것이 아닙니다. 노아의 의로움은 하나님의 백성이면서도 그 독특성을 잃고 포악무도한 죄인의 모양을 하고 사는 사람들 틈에서 의로운 삶을 살고, 그 의를 전파하면서 입증된 사실입니다. 그의 치열한 삶의 한복판에서 얻어 낸 평가입니다.

노아는 당세의 의인으로 우뚝 서기 위해 한 번의 불같은 헌신을 하거나 40일 금식기도를 하지 않았습니다. 그는 타락하고 부패한 세상에서 하나님의 말씀, 그분의 법도를 최고의 가치로 여기고 그 분부대로 행하기 위해 처절하게 몸부림쳤던 사람이었습니다. 이것이 그가 의인으로 인정받을 수 있었던 결정적인 이유였습니다.

하나님께 '의로운 자'라는 평가를 받기 위해 무엇을 하고 계십니까? 어떤 계획을 세워 놓으셨습니까? 혹시 죄 많은 이 세상은 내 집이 아니니 그 세상을 등지고 나 홀로 하나님 백성의 독특성을 고수하리라고 다짐하신 것은 아닌지……. 의롭다는 평가는 세상과 단절된 곳에서 내려지지 않습니다. 치열한 삶의 현장에서, 도무지 의롭게 살도록 내버려 두지 않는 세상의 포악한 죄인들 틈에서 하나님의 말씀만을 따라 살아 의로운 자로 남겠노라는 전방위적인 삶의 헌신으로만 얻어 낼 수 있는 평가입니다.

하나님께서는 우리의 존재 자체를 귀히 여기시지만 우리가 있는 자리에서 의로운 자녀로서의 정체성을 지켜 내기를 원하십니다. 노아가 서 있던 자리는 고립된 산꼭대기만이 아니었습니다. 그는 사람들의 따돌림과 비난이 있는 자리에 서 있었습니다. 그리고 그곳에서 의로운 자로 인정을 받았습니다. 여러분은 어디에서 하나님의 인정을 기다리고 계십니까? 치열한 삶의 현장, 그곳이 여러분이 의로운 자임을 증명할 수 있는 자리입니다.

 마음에 두고 생각하기

하나님께서 우리를 착하다, 의롭다 인정해 주시는 곳은 교회 혹은 골방처럼 홀로 하나님과만 대면하는 그곳이 아닙니다. 하나님께서는 치열한 삶의 현장에서 우리의 신앙을 검증하십니다. 하나님은 우리를 할 일 많은 세상으로 보내셨습니다. 우리는 그 자리에서 승부를 걸어야 합니다. 여러분, 세상을 피해 교회 속으로 숨어들고 있지는 않습니까? 교회는 그리스도의 군사들의 안식처이지, 태만한 그리스도인의 도피처가 아닙니다.

동행하시겠어요?

"……그가 하나님과 동행하였으며"(창 6:9下).

판에 박힌 일상을 보내다 보면, 문득 어디론가 떠나고 싶어질 때가 있습니다. 꽃이 만발한 봄이 되면, 무더위를 피해 파란 바다가 그리워지면, 아름다운 색으로 물든 낙엽을 밟고 싶어지면, 소복이 쌓인 눈길을 입김을 호호 불며 걷고 싶을 때면 우리는 잠깐 바람이라도 쐬러 가고 싶어집니다. 원하는 곳을 다녀올 수 있는 기회가 주어진다면 여러분은 누구와 여행을 떠나시겠습니까? 가족 혹은 친한 친구나 동료, 선후배, 사랑하는 사람이 먼저 생각나겠지요? 무엇보다 여러분의 마음속에 가장 큰 자리를 차지하는 사람일 것입니다.

앞서 말했듯이 여행길에 동행하는 사람이 그저 그런 관계의 서먹한 사람이라면 그 여행길에서 기대했던 즐거움은 줄어들 것입니다. 따라서 동행하고 싶은 사람은 내 마음을 편케 해주고 길게 말하지 않아도 내 마음을 헤아려 주며, 함께 있는 것만으로도 행복을 주는 사람일 것입니다. 하나님께 있어 노아가, 노아에게 있어 하나님은 평생의 동행자였습니다. 노아가 하나님과 동행했다는 것은 그가 하나님께서 자신의 곁에 늘 계신다는 것을 자각하며 살았다는 의미입니다. 지금으로 말하면 늘 성령님의 임재 속에 살았다는 의미와 같습니다. 성령 안에 있을 때는, 다른 사람과 대화를 하다가도 하나님께서 이 대화를 기뻐하시는지 그렇지 않은지 확실히 분별할 수 있습니다. 이는 하나님의 마음이 전해지기 때문입니다. 노아는 하나님과 마음을 나누었습니다. 하나님은 당신과 마음을 나누는 자의 소원을 마음으로 받으시고, 그의 고통이나 슬픔이 하나님께 전해지면 위로로 화답하십니다. 방주를 만드는 120년 동안, 아니 그 이전부터 시작해서 노아가 이 땅에서의 생을 다하기까지 그가 하나님과 동행했기 때문에 하나님께서 명하신 그 모든 일을 마음을 오로지 하여 감당해 나갈 수 있었습니다.

노아가 하나님께 드린 제물은 순종의 제물이었습니다. 그가 하나님께 순종할 수 있었던 이유는 그분이 늘 동행해 주셔서 당신의 살아 계심과 또 노아를 사랑하심을 밝히 나타내 보여 주셨기 때문이었습니다. 하나님께서 동행하시면 순종할 힘을 얻고, 순종하면서 하나님과 더 친밀해지는 관계 속에서 노아는 하나님을 더욱 신뢰하게 되었을 것입니다. 이렇게 끈끈한 관계를 맺고 있는데 하나님이나 노아나 서로 무엇을 감추겠으며 자신의 소유 중 무엇을 아끼겠습니까? 하나님도 노아에게 필요한 모든 것을 베풀어 주셨고, 노아도 아낌없이 모두 그리고 끝까지 순종하였습니다. 주님께서 동행해 주시면, 그 무엇이 방해물이 되며 풀리지 않을 문제가 무엇이겠습니까? 하나님의 생명을 나누어 받은 우리는, 주님이 웃으시는 그 자리에서 웃으며, 주님이 슬퍼하시는 자리에서 슬퍼하며, 주님이 흐느끼시는 자리에서 흐느낄 수 있는 사람이 되어야 합니다. 이것이 하나님께서 동행하시는 자의 삶입니다. 하나님께서 동행하시는 자는 세상이 아무리 요동쳐도 평강을 누리며 최후 승리를 바라봅니다. 하나님을 온전히 신뢰하기에 두려울 것도 없고, 하나님께서 동행하시면서 들려주신 말씀들, 그분이 인생의 위기마다 놀랍도록 역사해 주셨던 추억들이 있어 앞으로도 그렇게 나와 함께 해주시리라고 확신하며 흔들리지 않을 수 있습니다.

하나님과의 동행을 갈망하고, 그분과 동행할 수 없을 정도로 그분과 소원疏遠했던 관계를 다시 회복하여야 합니다. 불순종의 자리를 떠나지 않기 때문에 하나님께서 나와 동행하실 수 없는 것은 아닌지 면밀히 자신의 삶을 성찰해 보십시오. 아무리 성찰해도 모르겠다면 주님께 알려 달라고 매달려 기도해 보십시오. 하나님께서는 여러분이 하나님께 더 가까이 가고 싶어 안달하는 작은 움직임에도 반응하실 것입니다. 불순종의 자리와 결별하고 하나님께로 돌이켜 그분과의 서먹했던 관계를 회복하는 일이 시급합니다. 그러한 회복 후에는 하나님과 동행하며 그 삶을 누릴 수 있는 축복이 예비되어 있을 것입니다.

 마음에 두고 생각하기

하나님은 시시콜콜한 이야기까지 주고받으면서 즐거운 시간들을 함께 했던 친구처럼, 때로는 사랑 어린 충고와 가르침을 아끼지 않는 스승처럼, 우리와 동행하시기를 원하시는 우리의 아버지이십니다. 하나님과 동행하는 삶을 다시 시작하기 위해 우리가 먼저 해야 할 것이 있습니다. 하나님께서 함께 해주시기도 민망할 정도로 우리의 영혼이 망가져 있는 것은 아닌지 진지하게 고민하고 기도해 보십시오.

이 땅에 희망이 있나요?

"때에 온 땅이 하나님 앞에 패괴하여 강포가 땅에 충만한지라" (창 6:11).

한 무리의 소년들이 비행기 사고로 태평양의 한 무인도까지 표류하였습니다. 이들은 어른들의 세계에서 보고 배운 대로 그들 나름의 규칙을 정하고 구조되기를 기다리기로 하였습니다. 처음에는 질서정연한 그들만의 작은 공동체가 이루어지나 싶었습니다. 그러나 그들 사이에서도 권력을 향한 욕망이 일어났으며 다툼과 투쟁, 싸움, 편갈림이 생겨났고, 급기야는 살인이라는 극악무도한 일까지 벌어졌습니다. 살아남은 이들은 결국 구조되어 문명 세계로 되돌아갑니다. 이 이야기는 윌리엄 골딩William G. Golding, 1911-1993의 소설 『파리대왕』Lord of the Flies(1954)의 줄거리입니다.

문명의 세계와 동떨어져, 감시하는 어른의 눈도 없는 곳에서는 그 동안 교육받으며 길러온 이성은 내팽개쳐지고 소년들의 내부에 잠재되어 있던 인간의 본성이 고삐 풀린 망아지처럼 자유롭게 발현됩니다. '나와 생각이 다르다고? 나의 질서 속에 들어오지 않겠다고? 좋아, 그럼 전쟁이다.' 그 책을 읽을수록 본성적 악을 서슴지 않고 드러내는 소년들의 모습을 보면 인간 본성의 악함이란 도무지 어디까지인지 모르겠다는 탄식이 터져 나옵니다.

노아의 시대에 이와 같은 인간의 악함이 땅에 가득하였습니다. 하나님과 인간 사이에 마땅히 지켜져야 할 법도가, 인간과 인간 사이에 지켜져야 할 법도가 모두 무너져 버렸습니다. 삶의 기준이 사라지니 사람들은 원래 생긴 대로 포악해지고 모질고 강포한 사람들이 되었습니다. 양심조차도 신뢰할 수 없는 지경이 되었습니다. 하나님의 일반 은총인 양심이 무너져 통제의 기능을 상실하면서 언어는 절제를 잃게 되고, 행동은 폭력적이 되고 사람들은 강압적인 방법으로 자신의 요구 사항을 관철하는 무법 천지가 되었습니다.

여러분, 이 세상을 보셨던 하나님 아버지의 마음이 어떠셨을지 생각해 보십시오. 하나님께서는 당신의 백성들에게 소망이 조금이라도 남아 있는 한 피조 세계 전부를 포기하시지 않으십니다. 하지만 그 시대 그 세대에게서 아무런 소망을 찾을 수 없게 되자, 직접 창조하신 그 땅을 쓸어 버리시기로 작정하셨습니다.

이 세상을 지으실 때, 하나님은 참으로 흡족해 하셨습니다. 특히 인간을 창조해 놓으시고 훨씬 더 만족하셨습니다. 그런데 그렇게 하나님의 기쁨이 되었던 인간, 그 인간이 변해 버렸습니다. 하나님만을 의지하며 하나님께 찬양을 돌리던 인간이, 죄를 택하였습니다. 그 외의 다른 피조물들은 변하지 않았다 하더라도, 하나님께는 이 세상 자체가 견딜 수 없는 고통이 되었습니다. 이 악과 고통은 오로지 인간 때문이었습니다. 그분의 마음을 조금이라도 헤아려 보십시오. 죄로 얼룩진 인간을 향한 그분의 슬픔을……

우리는 본성적으로 악한 인간입니다. 우리의 본성 그 어디를 들여다 보아도 하나님을 기쁘게 해드릴 만한 그 무엇도 없음을 인정하십시오. 그래서 우리에게는 스스로 경건한 삶을 잘 유지하고 있는지 돌아보고 다시금 옷깃을 여미는 조심스러운 자세가 필요합니다. 자칫 방심하여 하나님을 떠나는 순간, 우리의 본성은 속히 고개를 들고 이 세상을 패괴하게 만든 사람의 아들들과 똑같이 처신하며 살기 시작할 것입니다.

조금만 부주의하여도 우리는 하나님의 아름다운 창조 세계를 망가뜨리는 존재로 전락할 수 있습니다. 그런 존재가 되지 않기 위해서 우리는 자신의 모습을 하나님의 말씀에 비추어 보고, 늘 깨어 기도하는 경건의 삶을 늦출 수 없습니다.

아무리 이 세상이 하나님 앞에 미운 짓만 하여 그분의 눈 밖에 났을지라도 하나님께서 여러분을 보아 참아 주실 수 있는 경건을 갖춘 신자로 이 땅에 남아 주십시오. 여러분이 하나님의 희망이 되어 주십시오.

 마음에 두고 생각하기

우리의 악한 본성은 틈만 나면 고개를 들려 하고, 이 세대의 악함은 끝도 없이 더하기만 합니다. 이와 같은 때에, 하나님은 어디에 소망을 두고 계실까요? 100년이고 200년이고 그 자리를 지키고 서서, 아무 말 없이, 제 철 옷만 갈아입는 아름드리 나무가 하나님의 소망이 될 수 있을까요? 주님의 마음과, 그분의 기대는 하나님을 믿는 백성, 바로 당신에게 있습니다.

하나님의 음성에 귀기울이기

"하나님이 노아에게 이르시되……" (창 6:13).

성도들에게 성경 읽기를 권할 때 흔히 사용하는 것이 로버트 맥체인R. M. McCheyne, 1814-1843의 성경읽기표입니다. 하루에 총 네 장의 성경을 읽는데, 구약과 신약을 동시에 넓은 시각에서 볼 수 있도록 인도해 주는, 유용한 성경읽기표입니다. 이렇게 매일 네 장의 성경을 꾸준히 읽어 가면서 하나님의 말씀을 깨닫고자 애쓰는 이들의 모습은 얼마나 아름다운지 모릅니다. 그런데 어떤 경우 성경의 말씀 속에 빠져들면 하루에 네 장만으로는 해결되지 않는 갈증을 느끼게 됩니다.

예전에 쓴 책 중에 『자네 정말 그 길을 가려나』는 누가복음 1장 80절 말씀, "아이가 자라며 심령이 강하여지며 이스라엘에게 나타나는 날까지 빈 들에 있으니라"는 단 한 절의 말씀만을 가지고 쓴 것입니다. 이처럼 단 한 절 속에도 하나님의 말씀의 보화가 가득 숨어 있습니다. 성경을 펼쳤을 때 하나님의 은혜가 쏟아지면 그것을 미처 주워 담을 수 없을 정도로 그 은혜가 넘칩니다. 시간에 구애받지 않고 그 말씀 속에 파묻혀 보화를 캐내고 싶어집니다.

여러분, 성경을 펼칠 때 많이 기대하십시오. 많이 깨닫게 해달라고, 깨달을 총명을 달라고 간절히 구하십시오.

하나님의 말씀이 들려오고 깨달아지는 때는 '내가 무엇을 드려야 하나님이 기뻐하실까?' 하고 생각하는 때가 아닙니다. '하늘에 계신 하나님이 내게 기쁨이 되는 것처럼 내가 이 세상에 사는 것이 하나님께 기쁨이 되려면 더 겸손해져야 할 텐데, 더 온전해져야 할 텐데 어떻게 해야 할까?' 하고 생각할 때입니다. 하나님께 순종할 마음과 의지를 드리는 삶 속에서 기쁨과 보람을 느끼는 그때에 하나님의 말씀은 들려옵니다.

본문은 "여호와께서 노아에게 이르시되"라고 말합니다. 그 땅에 번성한 수많은 사람들 중에 단 한 사람, 노아에게 하나님은 당신의 음성을 들려주셨습니다. 사실 노아를 제외하고는 아무도 하나님께 귀기울이지 않았습니다. 이미 양심은 망가져 버렸고, 도덕성은 무너져 인간들은 철저히 자신만을 즐겁게 하는 쾌락을 추구하고 있었습니다. 이러한 노골적인 패역이 온 땅에 충만하였기 때문에 그 어느 곳에서도 그 누구도 하나님의 음성을 들을 수 없었고 주님은 누구와도 말씀하실 수가 없었습니다.

단 한 사람 노아만이, 하나님이 그 시대를 향해 가지고 계신 구원의 계획과 심판의 계획들을 들을 수 있었습니다. 여러분, 하나님은 결코 어느 날 갑자기 불벼락과 물을 보내어 이 땅을 심판하시는 분이 아닙니다. 심판이 있기 전에, 징벌을 내리시기 전에 먼저 하나님의 마음을 나눌 만한 사람을 찾으십니다. 하나님의 말씀을 귀기울여 들을 사람에게 당신의 마음을 보이시고, 그 사람의 입술을 통해서 이 세상을 향해 불같은 하나님의 심판을 예언하게 하십니다.

누가 하나님과 마음을 나누고 싶어 하고, 그분의 음성에 귀기울이려 애를 쓸까요? 그런 사람은 삶으로 하나님을 경배하며 하나님의 말씀대로 순종하는 사람일 것입니다. 온전한 순종의 삶을 위해서는 열심만으로 부족하고, 하나님의 뜻을 올바로 아는 것이 우선이기 때문에 순종하고자 하는 사람은 하나님을 알려고 발버둥이칠 것이기 때문입니다. 그렇게 순종하려는 사람에게 하나님께서 묵묵부답하실 리가 없습니다. 당신의 마음을 조곤조곤 말씀해 주시거나, 때로는 불같은 진노의 마음을 보여 주시거나 영혼들을 향해 민망히 여기시는 마음도 나누어 주실 것입니다. 그 마음을 하나님으로부터 전수받을 때 우리는 참된 의미의 순종을 할 수 있습니다.

순종하기 원하십니까? 하나님 마음의 음성을 먼저 들으십시오. 하나님의 음성을 듣기 원하십니까? 하나님의 뜻이라면 무엇이든지 순종하겠다는 마음 자세로 그분의 음성에 귀기울여 보십시오. 이 두 가지는 절대 따로 떼어 생각할 수 없는 불가분의 관계입니다.

 마음에 두고 생각하기

이 시대에 하나님의 마음을 알아 그분의 말씀을 가감없이 선포하는 단 한 사람의 선지자만 있어도 이 땅에는 소망이 있습니다. 여러분의 가슴 속에 사무치는 기도 제목이 무엇입니까? "주님, 이 시대에 하나님의 마음을 대변하여 전할 수 있는 사자와 같은 설교자를 세워 주옵소서. 또 설교를 듣지 못하는 일상에서도 하나님의 의와 진리를 바로 알고, 그것을 선포할 수 있는 신자들이 넘쳐 나기를 소망합니다." 이런 내용으로 눈물을 흘리며 기도하는 그리스도인이 몇이나 될까요? 순종하는 하나님의 백성들을 통해 이 땅을 정복하는 것이 하나님의 불타는 소원입니다. 당신께 순종하는 백성들을 부르시는 하나님의 마음을 대변할 자가 누구입니까? 노아의 시대에는 노아가 있어서 하나님의 거룩한 백성의 계보가 끊어지지 않고 오늘날까지 이어졌습니다. 지금 이 시대에도 하나님의 사랑과 그분의 불같은 진노의 마음을 전할 자가 필요합니다.

방주의 문이 닫히기 전에

"······하나님이 그에게 명하신 대로 들어가매 여호와께서 그를 닫아 넣으시니라"(창 7:16下).

지금, 여러분이 극장의 대형 화면 앞에 앉아 있다고 가정해 보겠습니다. 눈앞에 펼쳐진 스크린에서는 이제 막 노아와 가족들, 한 쌍의 동물들이 줄지어 방주 안으로 들어가 자리를 잡았습니다. 마지막 동물이 방주에 들어가자 늙은 노아가 나와 문을 닫기 전에 마지막 점검을 하고 있습니다.

이 때 가느다란 빗줄기가 그의 얼굴을 때리고 갑니다. 하나님의 심판을 알리는 전주곡처럼 빗소리가 조금씩 크게 들려옵니다. 두려운 마음에 서둘러 방주에 들어가면서도 마음 한쪽에서는 홍수에 휩쓸려 내려갈 사람들에 대한 안타까움 때문에 잠시 멈칫합니다. 그래도 어쩔 수 없이 하나님의 명하신 일을 끝까지 준행해야 합니다.

노아는 문이 닫히기 전, 잠시 생각에 잠깁니다. 그가 120년간 묵묵히 방주를 짓는 동안 그의 앞에서 비웃고 욕하던 이들, 그의 등 뒤에서 수군대며 그의 일거수 일투족을 안주거리로 삼아 떠들던 이들의 얼굴이 떠오릅니다. 그들 때문에 서럽기도 했고, 마음이 상하기도 했지만 노아는 임박한 심판을 당할 그들이 가여워 눈가가 젖어 듭니다. 제법 굵은 빗줄기가 떨어지자 노아는 하나님의 말씀을 기억하고 마음을 다잡고 방주 안으로 깊숙히 들어갑니다. 한번 닫힌 이 문은 300여 일이 지나도 열리지 않을 것입니다.

노아의 방주가 산중턱에서 잠잠히 기다리는 동안에 땅 위에는 쉼 없이 비가 내렸고 땅 아래에서도 물이 솟아나 사방이 물천지가 되었습니다. 사람들은 높은 곳으로 허겁지겁 올라가다가 거대한 요새처럼 서 있는 노아의 방주를 발견하고 방주를 향해 달렸습니다. 그들이 그토록 비웃던 노아의 방주, 그곳이 마지막 피난처가 되어 줄 것이라 여기고 산꼭대기를 향해 달음질 쳐 올라갑니다. 그런데 이게 웬일입니까! 방주의 문은 단단히 닫혀서 아무리 두드려도 열리지 않았습니다. 방주 위로 타고 오르려 하여도 엄청난 물난리를 견뎌 낼 방도가 없었습니다.

많은 사람들이 피난처를 찾아 우왕좌왕하다가 방주를 기억해 내고 달려왔지만 그 사이에도 물은 계속 차 올랐고 사람들은 낙엽처럼 힘없이 물살에 쓸려 나갔습니다. 마침내 산 정상까지 물이 차올라 방주는 물 위에 떴고 애타게 방주를 두드리던 이들의 모습도 사라졌습니다. 망망대해에 방주만이 홀로 떠다닙니다.

여러분, 이 일을 머나 먼 구약시대에 있었던 일화로 여기지 마시기 바랍니다. 여러분과 아무 상관없는 성경 속에 담긴 이야기 한 편으로 치부하지 마십시오. 이것은 현재의 이야기이며 여러분을 향한 심판의 예고입니다.

노아의 온전한 순종의 결과물인 방주. 심판의 때에, 방주는 노아의 순종을 통해 예비된 피할 처소였습니다. 여러분은 심판의 때에 피할 곳을 어디로 정하셨습니까? 물론 '하늘나라'라고 당당히 말할 수 있는 사람들도 있겠지요. 하지만 자신은 구원받았다고, 하늘나라는 따놓은 당상이니 지금은 아무래도 괜찮다고 자신을 위로하는 태도는 옳지 못합니다. 엄밀히 말해 그런 태도의 사람들이 구원을 받아 하늘나라를 소유할 수 있을지도 의문입니다.

구원받은 자에게 이미 하늘나라가 허락되었지만, 아직 이 땅에 임하지 않은 하나님의 나라를 회복하는 일 또한 신자들의 몫입니다. 이 일에 사명을 느끼지 않는 사람은 아무리 자신이 구원을 받았다고 호언 장담하여도 그저 자기 암시일 뿐 그의 구원이 사실이 아닐 가능성이 큽니다. 하나님의 나라는 하나님께 순종하는 백성들에 의해 회복됩니다. 그 나라는 그들의 순종의 삶을 도구로 완성되어 가는 나라입니다. 하나님께서 노아에게 바로 완성된 방주를 내려 주시지 않고 그에게 일일이 그 재료와 설계를 일러 주시고 그 분부를 준행하게 함으로써 노아가 방주를 완성할 수 있게 하셨듯이 말입니다.

단번의 구원은 참으로 놀라운 사건입니다. 그리고 그 구원의 언약은 절대로 취소되지 않습니다. 하지만 여러분의 삶이 순종으로 열매 맺지 못하고 있다면 과연 그 구원의 사실이 참인지 진위를 따져 보아야 하지 않을까요? 구원받은 하나님의 백성은 하늘나라를 기업으로 받았습니다. 하지만 이것으로 끝이 아닙니다. 하나님께서는 노아와 확실한 구원의 언약을 맺으셨지만, 노아로 하여금 손놓고 있게 하지 않으시고, 그의 삶을 통해 순종의 제사를 받기 원하셨습니다.

사랑하는 여러분! 구원받으셨다고요? 네, 그 사실은 변함이 없습니다. 이것은 하나님의 약속이기 때문입니다. 하지만 과연 여러분이 구원의 반석 위에서 그 구원이 완성될 날을 향해 순종의 삶으로 나아가고 있는지 생각해 보십시오. 한 영혼의 구원의 여부 문제를 제 3자가 왈가 왈부할 수는 없습니다. 하지만 스스로 진지하게 생각해 보십시오. 자기 암시로 '난 괜찮아. 믿습니다.' 만 반복하지 말고, 생각, 생각을 하십시오. 그리고 하나님께 간절히 기도해 보십시오. 자신의 구원이 의심스러우면 주님께 진정한 회심에 이를 수 있도록 은혜를 달라고 기도하고, 구원은 확실하나 순종하지 못하고 있다면 순종할 힘을 달라고, 순종하지 못하게 하는 내 안의 패역을 고쳐 달라고 간절히 기도해 보십시오.

여러분의 구원이 확실하고, 그 위에서 순종의 삶으로 하나님을 기쁘시게 할 때, 노아의 방주로 상징되는 하나님의 나라는 누구도 빼앗을 수 없는 여러분의 기업이 될 것입니다.

 마음에 두고 생각하기

여러분에게 하나님의 나라는 진정 따 놓은 당상입니까? 설령 그렇다고 하여도 '구원을 받았으니 이제는 안심이다.' 하면서 태만한 신앙생활을 이어가고 있다면 구원의 은혜에 대한 배은망덕한 행위가 되지 않겠습니까? 우리는 주께서 우리에게 구원을 주시고, 하늘나라를 우리의 기업으로 주셨음에 감사하며, 이 땅 가운데 순종의 백성으로 살아서 온 세상을 향해 주님이 우리의 생명이요, 기업이 되심을 선포하는 사명을 성실히 감당해야 합니다.

순종과 축복

"하나님이 노아와 그 아들들에게 복을 주시며 그들에게 이르시되
생육하고 번성하여 땅에 충만하라"(창 9:1).

 '순종'과 '축복'은 짝을 이루는 단어입니다. 하나님께서 순종한 자에게 축복을 약속해 주시는 이유는 단지 우리를 순종하게끔 유인하시기 위함이 아닙니다. 순종 자체에 행복과 기쁨이 있음을 알게 해주시려고 우리에게 순종을 요구하시는 것입니다.

 하지만 순종은 쉬운 일이 아닙니다. 반드시 희생이 필요합니다. 우리가 본성적으로 좋아하거나 편하게 생각하는 일에는 굳이 순종이라는 개념을 들여 올 필요가 없습니다. 그 일은 정말 자기가 좋아서 하는 일이기 때문입니다. 예를 들어 컴퓨터 게임을 좋아하는 어린이가 열심히 게임을 즐기라는 명령에 복종하여 계속 그 일을 즐기고 있다고 하여 그것을 순종이라 할 수 없는 것과 같은 이치입니다. 아이는 게임을 즐기기 위해 자신의 본성을 꺾거나 희생할 필요가 없습니다. 하지만 그 아이에게 공부를 열심히 하라고 말해 보십시오. 이때 아이는 공부하기를 싫어하는 자신의 본성과 싸워야 하고, 그것을 꺾고 선한 의지를 발휘하여 공부에 매진해야 합니다. 이때에 비로소 순종이라는 개념이 필요한 것입니다.

순종은 하나님 앞에서 자신의 본성을 꺾고 주님의 뜻을 이루어 드리기 위해 희생을 지불해야 하는 상황에서 요구되는 믿음의 반응입니다. 이런 믿음의 반응으로 하나님께 순종하면 하나님은 예외 없이 축복을 약속하십니다. 하지만 우리가 그 약속을 바라보지 못하고 당장 코앞의 상황만 보면 순종을 위해 지불해야 할 희생이 너무 크다는 느낌을 받게 됩니다. 이런 근시안적인 눈으로는 순종 자체에서 오는 기쁨도, 하나님께서 예비하신 축복도 누릴 수가 없습니다.

어떤 신자들은 결단하여 순종해야 할 상황을 만났을 때, 종종 근시안적인 계산을 합니다. 그런 계산법으로는 '순종은 곧 손해'라는 해답밖에 얻지 못합니다. 근시안적인 계산법을 버리고 멀리 보는 안목을 소유하십시오. 원래 인간의 본성이 악하여 하나님께 순종하기 위해서는 악한 본성을 거스르는 고통이 있음을 스스로 받아들이고, 순종하며 살아갈 때 따르는 모든 손해를 감수해 보십시오. 언젠가 하나님께서 정하신 '때'는 꼭 이릅니다. 순종한 사람이나 불순종한 사람이나 모두 예외가 없습니다. 그때에 순종의 사람들은 피할 산성과 바위가 되시는 하나님을 즐거이 부를 것이며, 불순종의 사람들은 그 하나님의 이름을 감히 불러 보지도 못한 채, 홍수에 떠밀려 흔적 없이 수장되었던 노아 시대의 사람들처럼 죽음의 심연으로 빠져들 것입니다.

노아의 "아직 보지 못하는 일에 경고하심을 받아 경외함으로 방주를 예비……"히 11:7하였던 순종은 하나님의 심판의 때가 다다르자 그 빛을 발하였습니다. 하나님의 약속대로 비가 내리기 시작했을 때 노아의 마음은 얼마나 벅차 올랐을까요? 한편으로는 죽어가는 수많은 사람들을 향한 안타까운 마음도 있었을 것입니다. 하지만 아직 이루어지지 않은 하나님의 약속을 믿고 순종한 일이 과연 그에게 생명을 가져다주었으니 생명을 주는 축복에 얼마나 감격했겠습니까?

주님은 불순종의 길은 쉽고 즐거운 길이지만 순종의 길은 얼마나 많은 피와 눈물을 흘려야 하는지 잘 알고 계십니다. 세상이 패괴할수록 순종은 더 어려워지고 순종의 사람으로 남는 것이 다른 사람들의 웃음거리가 되기 십상이라는 것도 잘 아십니다. 그래서 하나님께서는 순종하는 사람들에게 그 아름다운 삶을 포기하지 않도록 매 순간 위로와 사랑, 아침마다 새로운 성실과 긍휼을 베풀어 주십니다. 순종이라는 좁은 길에는 세상에서는 조금도 맛볼 수 없는 하늘의 위로가 있습니다. 그 위로는 하나님의 신령한 사랑을 경험하게 합니다.

하나님의 위로를 맛보고 하늘 복락을 누릴 수 있는 순종이 되기 위해서는 하나님께서 인정하시는 수준까지 이르러야 합니다. 도대체 언제까지 순종해야 하냐고 묻는 사람에게 저는 단호히 대답할 수 있습니다. "주께서 인정하실 때까지 순종하십시오."

사람들은 주님이 인정해 주시기 전에, 먼저 자신이 스스로 인정을 해주고, 위로도 해주고 보상까지 해줍니다. 세상에서도 아무도 인정 안해 주는데 자신만 스스로 기특하게 여기는 사람들은 소위 왕따를 당하게 되어 있습니다. 그 증상이 심하면 과대 망상이라는 정신 질환이 되지 않습니까? 중요한 것은 자신이나 주위 사람들의 인정이 아닙니다. 하나님께서 인정해 주실 때, 그것은 참된 순종이며 하늘의 위로와 복락을 받기에 합당한 순종입니다.

노아가 하나님께서 명하신 대로 다 준행하자 하나님께서는 노아에게 이렇게 말씀하셨습니다. "……네가 이 세대에 내 앞에서 의로움을 내가 보았음이니라"창 7:1. 얼마나 뿌듯한 평가입니까? 노아가 주위 사람들에게 받았던 서러움을 한번에 씻어 주는 시원스러운 말씀이 아닙니까?

하나님께서 이런 인정의 말씀을 해주신 것이 노아가 방주를 다 만들고 나서이기는 했지만 이 평가는 노아의 긴 삶의 여정을 통틀어서 내려진 평가입니다. 영원을 한눈에 보시는 하나님께서는 한 사람의 인생을 마디로 끊어서 보시지 않으시고, 전체를 보시기 때문입니다. 이런 하나님께 의롭다는 평가를 받게 되기까지 노아가 얼마나 많은 사연을 안고 순종의 길을 걸어 왔을지 생각해 보십시오.

영화보다도 영화 음악으로 더 유명한 '미션'이라는 영화가 있습니다. 그 영화 중에 지금도 잊혀지지 않는 인상 깊은 대사가 있습니다. 한 수도사가 사제에게 축복의 기도를 부탁하자, 사제가 기도해 주기를 거절하면서 한 대답이었습니다.

"네가 가는 길이 올바르다면 나의 축복이 무슨 소용이 있겠으며, 너의 길이 바르지 않다면 내 축복이 무슨 의미가 있겠는가?"

그렇습니다. 우리의 삶을 하나님께서 인정해 주시는데, 더 이상 무슨 축복을 바라겠으며, 아무리 당장에 복을 받는 것 같아도, 우리가 하나님께서 인정해 주시지 않는 불순종의 길을 가고 있는데 그 복이 과연 참된 복이겠습니까?

하나님께서 순종과 함께 약속하신 축복이 당장 우리에게 임하지 않을 수 있습니다. 그럴지라도 우리가 하나님께 순종하고 그 뜻대로 사는 것이 인생의 참 보람이요 행복이며 그 자체로 축복이라고 진심으로 고백하십시오. 그런 고백으로 뚜벅뚜벅 우리 앞에 주어진 길을 걸어갈 때, 하나님께서는 어느 시점에서 우리의 삶을 인정해 주십니다. 그때 비로소 우리는 순종의 사람들과 불순종의 사람들 사이에 얼마나 큰 차이가 있는지 그 결말을 알게 됩니다.

순종하는 삶으로 하나님께 인정받은 노아는 역사의 전환점에서 하나님께 쓰임을 받아 지금도 믿음의 조상으로 남아 잊혀지지 않는 이름이 되었습니다. 우리가 노아에게 배울 것은 바로 이것, 하나님께 인정받기까지 순종하는 것, 그분의 신실하신 언약을 붙들고 순종하는 것입니다. 이것이 축복의 열쇠입니다.

 마음에 두고 생각하기

여러분은 '순종' 하면 무슨 생각이 떠오르십니까? '힘들다. 부담스럽다. 무리한 요구다.' 하는 생각을 하지는 않으셨나요? 그리고 순종을 할라치면 순종 후에 줄줄이 따라 붙을 축복에 대해 일말의 기대를 품지는 않았습니까? 모두 순종을 희생이라고 생각하는 어리석음이 불러 온 결과입니다. 순종은 하나님 아버지 앞에서 마땅한 태도이며, 그 자체가 축복입니다. 물론, 순종의 길은 좁고 험난합니다. 하지만 그 길 위에 예비하신 하나님의 위로와 하늘의 복락이 순종이라는 희생보다 훨씬 더 크고 놀랍다는 사실을 잊지 마십시오.

obedience
by grace

너는 본토 친척 아비 집을 떠나라
네게 지시할 땅으로 가라
사명의 자리에 어려움이 있을지라도

아브라함의 순종

너는 본토 친척 아비 집을 떠나라

"여호와께서 아브람에게 이르시되 너는 너의 본토 친척 아비 집을 떠나……" (창 12:1 上).

성경의 '창세기'에는 3대에 걸쳐 조상들이 소개됩니다. 첫 번째는 인류의 조상인 아담과 하와이며, 두 번째는 홍수 사건 이후로 새로운 조상이 된 노아, 세 번째는 이스라엘이라는 민족의 조상이면서 영적인 조상이 된 아브라함입니다.

아브라함의 원래 이름은 '아브람'이며, 그의 고향 땅은 '갈대아 우르' 지방입니다. 아브람이 살았던 시대는 A.D. 22세기 경으로 알려져 있는데, 그 당시 갈대아 우르는 큰 번영을 구가하고 있었습니다. 그 지방은 메소포타미아 문명의 중심지였기에 현대에 이르러 발굴되는 그곳의 유물로 미루어 보아도 그 문명의 번영은 매우 놀랍습니다. 조개 껍질이나 나뭇가지로 새긴 설형문자楔形文字들이 어마어마한 양으로 발굴되었습니다. 이것은 이미 문자를 사용하고 있었다는 실제적인 증거들이 됩니다. 예를 들면 물건을 사고 받은 영수증, 재판의 결과를 알리는 통고문, 연애편지, 서신들이 있었고, 수학의 발달을 짐작케 하는 구구단, 기하학적인 공식들의 자료도 다량 검출되었습니다.

건축술 역시 발달하였는데 갈대아 우르의 일반적인 가옥의 형태는 이층집이었습니다. 일층에는 빨래터나 부엌 등을 두었고, 이층에는 방을 만들었는데 한 집에 보통 10-20개의 방을 가지고 있었다고 합니다. 이것으로 보아 그 당시 갈대아 우르 사람들의 삶이 얼마나 풍족했는지 짐작할 수 있습니다.

그런데 갈대아 우르는 우상의 도시이기도 하였습니다. 지명의 '우르'는 히브리어 '이르'와 아주 흡사한데, 이 단어는 '빛'을 의미합니다. 따라서 '우르'는 빛, 열을 가리키며 태양신과 관련이 있지 않나 추측하고 있습니다. 게다가 갈대아 우르의 거의 모든 집에서는 예외없이 이층에 우상을 섬기는 신당을 두었다고 합니다. 물질의 풍요를 누릴수록 사람들은 정신 세계가 풍요해지는 것에 관심을 기울입니다. 그리고 그들의 필요에 따라, 각각의 입맛에 맞는 우상을 선택하여 모시거나 집안에서 대대로 섬기는 우상을 자기의 신으로 받아들였습니다.

아브라함은 나이 든 아버지를 모시고 어여쁜 아내와 친척들과 함께 이 도시에서 살고 있었습니다. 그런데 하나님은 그에게 명하셨습니다. "너는 너의 본토 친척 아비 집을 떠나 내가 네게 지시할 땅으로 가라" 창 12:1. 그가 평생을 살아온 땅, 문명과 문화가 발달해 살기 좋은 그곳, 많은 이웃과 친구들을 두고 어딘지 알지 못할 땅으로 떠나라 하셨습니다.

아브라함은 평범한 사람이었습니다. 그저 평범한 한 가정의 가장을 하나님은 믿음의 조상으로 부르셔서, 이스라엘 백성의 영적인 아버지로 삼으셨습니다. 아브라함에게 "떠나라"는 하나님의 명령에 순종하는 믿음이 있었기에 가능하였습니다.

'떠남'은 하나님께서 부르신 이를 다듬으시는 출발점입니다. 그리스도를 모를 때 즐겼던 죄악에서부터 떠나는 일, 자기중심적인 사고에서 떠나는 일, 세상의 풍습과 유행에 젖어 있는 가치관에서 떠나는 일들은 우리가 뒤로 해야 할 출발선입니다.

주님께서는 우리로 하여금 하나님만 의지하고 그분께만 매인 사람이 되게 하시기 위해 때로는 우리에게 가혹한 명령을 주십니다. 우리가 사랑했던 것들과 작별하게 하시고, 우리가 붙들고 의지했던 것들로부터 버림을 받게 하시거나 철저히 결별하게 하십니다. 우리에게는 참 괴로운 경험이지만 하나님께서는 그런 아픈 경험을 통해 우리를 진정으로 사랑하시는 분은 하나님 한 분뿐이라는 사실을 보여 주십니다.

하나님은 우리를 축복의 자리로 부르십니다. 여러분을 통해 가족이 복을 받기를 원하시고, 이 시대의 교회를 일깨워 하나님 앞에 돌아오는 복의 근원으로 여러분을 택하고 싶어 하십니다. 이런 부르심을 받은 사람은 많지만, 실제로 이런 축복을 유업으로 받는 사람은 너무나 소수입니다. 한때는 이런 복의 근원으로 부름을 받았지만 자신이 주저앉아 있는 그 자리를 떠날 용기가 없기 때문입니다.

우리는 모두 떠나도록 명령을 받은 사람들입니다. 이 세상을 떠나고, 옛 자아와 결별하고, 옛 습관, 옛 친구들과 작별하도록 부름 받은 사람들입니다. 하나님께서 아무리 전능하셔도 옛 것을 버리지 못하는 자들을 억지로 이끌어 축복의 자리에 앉혀 놓으실 수 없습니다. 이것은 하나님께서 무능하시기 때문이 아니라 그분의 성품이 그 일을 싫어하시기 때문입니다.

여러분이 애착하는 것들 중 '옛' 자가 붙은 것들은 무엇입니까? 여러분에게 있어 떠나야 할 갈대아 우르는 어디입니까? 용기를 내어 버리십시오. 떠나십시오. 하나님께서 여러분을 축복의 근원으로 삼고 싶어 하시는데, 그분이 싫어하는 자리에서 그분이 혐오하시는 것들을 붙들고 있으니 그 축복의 통로가 막히는 것 아닙니까? 여러분의 결단, 떠나겠다는 순종의 결단이 필요합니다.

 마음에 두고 생각하기

우리가 하나님의 거룩한 백성으로 부름 받아 세상으로부터 철저하게 구별되었음에도 때로는 옛 자아가 좋아했던 그 자리를 박차고 일어나지 못할 때가 있습니다. 우리가 떠나지 못하는 이유는 무엇일까요? 하나님의 부르심 앞에서, 어떤 종류의 두려움 때문에 순종하지 못하고 있습니까?

네게 지시할 땅으로 가라

"……내가 네게 지시할 땅으로 가라"(창 12:1下).

창세기는 총 50장으로 이루어져 있으며 크게 두 부분으로 나누어 볼 수 있습니다. 1부가 세상의 창조와 관련되어 있다면, 2부는 아브라함이 그 시작점이 되어 아브라함의 가정이 이스라엘이라는 민족을 이루어가는 과정을 다루고 있습니다. 아브라함을 통해 이스라엘의 역사가 펼쳐지는 것입니다.

하나님은 일견 평범해 보이는 아브라함을 택하셔서 그가 살고 있던 우상 숭배의 도시를 떠나 가나안 땅으로 가라고 명하셨습니다. 그런데 이상한 것은, 이 말씀을 받을 때 아브라함이 있던 곳은 갈대아 우르가 아닌 하란 땅이었다는 사실입니다. 그는 하나님의 말씀대로 고향땅 갈대아 우르를 떠나 어떤 연유에서인지 하란에 머물고 있었습니다.

이에 대하여 사도행전 7장에서는 아브라함의 아버지 데라가 하란에서 죽자 아브라함이 하란을 떠났다고 기술합니다. 따라서 연로하여 여행길을 떠날 수 없는 아버지 데라 때문에 아브라함의 가족이 하란에 머무르게 되었다고 추측할 수 있습니다.

사랑하는 본토도 떠났고 친척도 떠났고 아버지마저 돌아가셔서 이제는 마음 둘 곳 없어진 아브라함에게 하나님은 "가라."고 명하십니다. 하란 땅을 뒤로 하고 가나안 땅으로 떠날 때에 자신이 상상할 수 없는 미지의 땅으로 발걸음을 옮기는 아브라함의 마음은 어떠했을까요? 의지할 사람 하나 없이, 그는 갈 바를 알지 못하고 걸음을 내디뎠습니다. 그래서 히브리서는 말합니다. "믿음으로 아브라함은 부르심을 받았을 때에 순종하여 장래 기업으로 받을 땅에 나갈새 갈 바를 알지 못하고 나갔으며" 히 11:8.

언뜻 보면 창세기와 히브리서의 말이 모순되는 것 같지만, 아브라함이 자신이 가야 할 목적지가 가나안인 것은 분명히 알고 있었으나, 가는 길까지 구체적으로 알지 못했고, 가나안 땅의 어느 곳에 정착할 것인지도 몰랐으니 이 두 표현은 서로 모순되지 않습니다.

그런데 하나님이 아브라함에게 주시겠다고 약속한 가나안은 에덴동산과 같은 낙원이 아니었습니다. 그곳에도 기근이 있고 땀 흘려 수고해야 하며 어떤 이웃이 있을지 어떤 적이 있을지 알 수가 없는 곳이었습니다. 그러나 아브라함은 오직 하나님의 명령에 순종하여 나아갔습니다. "저희가 나온 바 본향을 생각하였더면 돌아갈 기회가 있었으려니와 저희가 이제는 더 나은 본향을 사모하니 곧 하늘에 있는 것이라 그러므로 하나님이 저희 하나님이라 일컬음 받으심을 부끄러워 아니하시고 저희를 위하여 한 성을 예비하셨느니라" 히 11:15-16.

여러분, 우리 성도들은 나그네입니다. 우리의 본향은 '○○도 ○○시'가 아니라 하나님과 함께 하는 곳, 천국입니다. 이 나그네 길에서 당장 내일 무슨 일이 생길지 우리는 모릅니다. 어떤 환란과 문제가 닥쳐 올지 예감할 수도 없지만, 그것들을 모두 뛰어넘어 하나님의 이끄심을 따라갑시다. 가는 길이 좁고 험난할수록 하나님은 더욱 친밀하게 우리와 동행해 주실 것입니다. 그러하기에 우리는 '어떻게 해야 하나님을 더 기쁘게 섬기다 그 품에 안길까, 어떻게 해야 나로 인해 세상이 그리스도를 잘 알게 될까?' 하는 데 관심을 갖고서 힘차게 살아갈 수 있습니다. 가나안 땅과는 비교할 수 없는 좋은 것들을 예비해 두신 그 땅에 도달할 때까지!

 마음에 두고 생각하기

이해할 수 없는 하나님의 명령을 따라 정처 없는 발걸음을 옮겨야 했던 아브라함. 그가 사모한 것은 육신의 본향이 아닌 영혼의 본향이었습니다. 아브라함이 하나님께서 통치하시고 함께 계시는 본향을 사모하였듯이 우리의 영혼도 본향을 사모하고 있습니까? 하나님께서는 나그네요 행인인 우리의 인생의 종착지에 돌아갈 고향 하늘나라를 예비해 놓으셨습니다. 주님의 품에 안길 그날까지 그 나라를 향하여 순종하며 나아갑시다.

사명의 자리에 어려움이 있을지라도

"믿음으로 아브라함은 부르심을 받았을 때에 순종하여 장래 기업으로 받을 땅에 나갈새 갈 바를 알지 못하고 나갔으며"(히 11:8).

제가 젊은 시절 막 대학원을 졸업할 때였는데, 문득 이런 생각을 해보았습니다. '내가 사역자의 길에 곧 들어설 텐데, 10년 후에는 어떤 사역자가 되어 있을까? 15년 후에는 어떨까?' 참 궁금했습니다. 혹여 하나님께서 앞날의 내 모습을 꿈에라도 그려 주지 않으실까 기대하기도 하였습니다. 사진을 보듯 영상으로 보여 주시면 좋겠다 싶었지만, 주님은 한 번도 그런 적이 없었지요. 다만, 확실하게 마음에 다가오는 한 가지가 있었습니다. '지금은 이런 저런 어려운 상황에도 불구하고 사역자의 길로 들어서지만, 나를 부르신 분이 주님인 것을 분명히 알고 한 걸음 한 걸음 나아가다 보면, 하나님께서 나를 두시려는 그 한복판에 내가 서 있게 될 것이다.'

이제는 인생이 뜨거운 여름을 지나 가을로 접어들었는데, 나의 남은 생애가 얼마나 될런지 궁금해지기도 하지만, 그때마다 마음에 선명하게 다가오는 하나님의 말씀이 있습니다. '이것을 아는 것은 너의 분깃이 아니란다. 너는 내일이나 모레의 일을 염려 말고, 오늘 나와 동행하며 작은 일이나 큰 일이나 내 뜻에 순종하며 살아가면 된단다.'

아브라함이 갈 바를 알지 못하고 가나안 땅으로 떠날 때 아무것도 없는 그 땅에서 처음부터 시작해야 하는 수고와 불편함은 그가 경험하지 못한 것이었습니다. 그럼에도 불구하고 아브라함이 주께서 주신 가나안을 사모하여 그곳을 향해 떠났던 이유는 그곳에 하나님의 약속이 있었기 때문입니다.

우리도 그러합니다. 우리가 하나님의 은혜를 경험하고 주님의 자녀로 부름을 받았을 때 주님이 우리를 불러 주시는 사명의 땅이 있습니다. 그러나 그곳은 항상 행복이 가득한 꿈과 환상의 나라가 아닙니다.

그리스도인으로서 살려고 애쓸 때 우리가 항상 행복하거나 즐거운 것은 아닙니다. 폭풍이 치듯 세상의 유행과 풍조가 마구 뒤섞여 우리를 휘감아 가려 하는데, 우리는 주께서 우리에게 주신 사명을 인생의 존재 이유로 삼으면서 살아가고자 하는 사람들이기에, 더더욱 우리의 삶에 평안하고 안락한 것들만이 기다리고 있는 것은 아닙니다.

주님을 믿고 하나님의 참 자녀가 되고 말씀으로 변화받아 진정으로 순종하는 하나님의 일꾼이 되기 위해서 우리들이 걸어온 인생길을 돌아보십시오. 맑은 날만 있지는 않습니다. 거친 돌길도 지나고 가시밭길을 헤치며 지나느라 우리의 손과 무릎은 상처투성이입니다. 쓰러지고 넘어지기를 반복한 적도 있습니다. 뒤돌아보면 부끄러운 시절을 보내기도 하였습니다. 그러나 이제 후회는 접어 두고, 부끄러운 시절에 발목 잡혀 보내지 말고 앞에 남아 있는 우리의 인생길을 새롭게 살아야 합니다.

사랑하는 여러분, 우리는 하나님께 내세울 만한 것이 하나도 없습니다. 재능이나 소유한 것이나, 이제껏 살아온 우리의 신앙의 발자취에 있어서나 주님께 내세울 만한 것이 아무것도 없습니다. 단 한 가지, 드릴 수 있는 것이 있다면, 순종하려는 올곧은 마음과 순종이 드러나는 삶입니다. 그리고 하나님의 계획 아래, 순종의 삶을 살아가는 여정에는 하나님이 우리에게 주시는 놀라운 축복이 있습니다. 남이 모르는 은혜의 세계를 알게 하시고, 남이 모르는 하늘의 위로와 힘을 얻게 하시고, 늘 하나님께서 동행하시므로 세상이 이길 수 없는 삶을 살아갈 특권을 주십니다.

여러분, 우리는 우리가 머물고 있는 갈대아 우르와 하란 땅을 떠나 아버지 하나님의 손을 붙들고 이끄시는 그 길을 걸어가고자 하는 순종의 결단을 내려야 합니다. 모든 사명을 마치고 달려 갈 길을 다 마친 그날이 오기까지는 우리가 편안히 잠들 날이 없을 것입니다. 하지만 그날에 하늘의 성도들과 천군 천사들이 격려의 박수로 우리를 맞을 것이며, 우리 주님께서는 두 팔 벌려 버선발로 달려 오실 것입니다. 그날을 생각하며 끝까지, 모든 사명을 다하는 날까지 순종하며 살아갑시다.

 마음에 두고 생각하기

여러분은 사명의 자리에 어려움이 있다는 것을 이상하게 여겼습니까? 세상이 주는 환란과 풍파는 가볍게 뛰어넘을 성질의 것은 아닙니다. 그러나 좌절하지 마십시오. 세상이 알지 못하는 놀라운 은혜와 능력의 근원이신 하나님께서 우리와 동행해 주십니다.

obedience
by grace

그들이 통곡하였던 이유는

자신의 믿음에 책임질 수 있습니까?

하나님만으로 가득 찬 마음에서

그들은 우리의 밥이라

순종할 수 있는 비결

먼저 믿음을 보이라

무너져야 할 여리고 성

무너진 여리고 성

비상사태를 선포할 때

여호수아와 갈렙의 순종

그들이 통곡하였던 이유는

"그때에 여호와께서 진노하사 맹세하여 가라사대 애굽에서 나온 자들의 이십 세 이상으로는 한 사람도 내가 아브라함과 이삭과 야곱에게 맹세한 땅을 정녕히 보지 못하리니 이는 그들이 나를 온전히 순종치 아니하였음이니라"(민 32:10-11).

본문의 말씀은 모세가 갓 자손과 르우벤 자손이 다른 지파를 도와 전쟁에 나가려 하지 않자 경고하던 중에, 예전에 불순종했던 이스라엘을 향하여 하나님께서 진노하셨던 일을 회고하는 장면입니다. 특히, 이스라엘이 애굽을 탈출하여 가나안으로 들어가기 직전에 가나안을 정탐하였던 때의 일을 말하고 있습니다.

이스라엘은 홍해를 건너고 광야를 가로질러 하나님이 가라고 명하신 땅 가나안에 다다랐습니다. 그곳은 이미 발달한 선진 문명을 이룬 가나안의 원주민들이 정착하여 살고 있었고, 그 땅을 얻기 위해서는 먼저 원주민들의 상황을 파악해야 했습니다. 그래서 열두 지파에서 한 사람씩 뽑아 열두 사람이 가나안 땅을 정탐하러 들어갔습니다.

그런데 이게 웬일입니까! 40일간 정탐을 다녀온 이들이 보고를 마치자, 온 회중이 소리를 높여 부르짖으며 곡(哭)하기 시작했습니다. 이 통곡은 밤새 그치지 않았습니다. 정탐꾼들의 보고는 두 가지로 나뉘었습니다. 첫 번째 열 사람의 무리는 과연 가나안이 젖과 꿀이 흐르는 땅이긴 하지만, 그 땅의 거민들은 얼마나 덩치가 큰지, 무기가 얼마나 좋은지 또 성읍은 얼마나 견고한지 메뚜기같이 초라한 오합지졸의 군대로는 능히 이기지 못할 것이라고 말했습니다. 이들은 가나안 족속을 대면하여 싸워도 승산이 없다고 스스로 판단하고 백성들의 마음을 가나안 땅에 대한 집착으로부터 떼어 놓으려는 심산에서 이런 보고를 했습니다. 이스라엘 백성들은 이들의 악평을 듣고 슬피 울면서 통곡했습니다.

두 번째 무리는 여호수아와 갈렙이었습니다. 그들은 첫 번째 무리들과는 전혀 다른 보고를 내놓았습니다. '가나안 족속들이 우리보다 체격이 훨씬 크고 발달한 병기와 요새를 가지고 있어 우리보다 강대한 것은 사실이다. 하지만 그 땅은 주께서 말씀하신 대로 너무 아름다운 땅이다. 그 강대한 군대를 거느린 민족과 더불어 싸워 이기는 일은 쉽지 않을 것이다. 그러나 하나님께서 우리와 함께 하시면, 주님께서 우리를 기뻐하시면 우리는 반드시 그 땅을 얻을 수 있다.' 갈렙은 이스라엘 민족을 향해 이렇게 독려합니다. "우리가 곧 올라가서 그 땅을 취하자 능히 이기리라" 민 13:30. 그러나 회중들은 여호수아와 갈렙의 보고를 믿지 않았고, 열 사람의 비관적인 보고에 귀를 기울였습니다. 그리고 통곡하면서 그 밤을 지새웠습니다.

하나님께서는 이스라엘의 반응을 보면서 진노하셨습니다. 사실, 이스라엘은 적극적이고 구체적인 죄악을 저지르지 않았습니다. 그런데 하나님께서는 그들이 우상을 섬기거나 간음을 한 것보다 더 진노하고 계십니다. 그리고 그들에게 형벌을 선언하십니다. 애굽에서 나온 20

세 이상의 사람들은 그 누구도 약속의 땅을 볼 수 없을 것이라고 말씀하십니다.

이스라엘 백성들은 악평을 듣고 그에 따른 인간적인, 너무도 인간적인 반응을 한 것밖에는 없습니다. 우리가 보기에는 참 별일이 아니라는 생각이 듭니다. 하지만 그들의 절망은 하나님의 마음을 진노하게 하였습니다. 절망은 곧 하나님의 약속의 말씀, 더 나아가 그분의 존재 자체를 무시하는 행위이기 때문입니다. 하나님의 약속이 분명히 있었고, 이스라엘은 그것을 믿고 애굽 땅을 떠나 왔습니다. 하나님께서 보여 주신 엄청난 기적들이 있었습니다. 그리고 하나님께서는 만나와 메추라기로 그들을 먹이셨고, 구름기둥과 불기둥으로 그들을 인도하셨습니다. 도대체 얼마나 대단한 표적을 보여 주셔야 그들이 하나님을 절대적으로 신뢰할 수 있었을까요?

하나님의 말씀은 도무지 듣지 않으려고 하면서 거짓을 섞어서 보고하는 정탐꾼들의 말에 더 귀를 기울이니 하나님의 진노를 살 수밖에 없는 것입니다. 우리는 분명한 하나님의 약속의 말씀을 받고도, 눈에 보이는 상황의 변화에 마음을 빼앗겨 절망하고 낙심하는 경우가 많습니다. 너무도 자연스럽게 절망에 젖은 말들을 내뱉습니다. 그리고 다른 사람도 그 절망에 동조하도록 동의를 얻고 선동하기까지 합니다. 이것은 '절망', '낙심', '낙망'으로만 정의되는 행위가 아닙니다. 이것은 분명한 불신앙이며 하나님을 무시하는 행위입니다.

여러분의 절망이, 되어 가는 상황에 비추어 아주 정당하고 당연한 것이라고 여기지 마십시오. 약속의 말씀이 분명히 있음에도 절망의 자리에 앉아 밤을 새고 있다면 하나님도 진노하시면서 여러분과 함께 밤을 지새우고 있다고 생각하시면 됩니다.

하나님의 백성들은 어떤 경우에도 낙심할 수 없습니다. 하나님께서 살아 계시고, 그분이 우리에게 주시는 것은 언제나 선하고, 설령 우리에게 어려움을 주시더라도 우리를 홀로 버려 두지 않으시고 함께 그 어려움을 감당하실 것인데 어찌 절망할 수 있습니까? 절망은 곧 죽음입니다.

 마음에 두고 생각하기

이스라엘 백성들이 두려움에 떨며 하나님을 원망하는 소리를 들었습니다. 밤새 통곡하며 회한의 눈물을 흘리는 것도 보았습니다. 여러분은 무엇을 두려워하며 눈물을 흘리십니까? 하나님께 여러분의 믿음 없음을 보여 드려 하나님을 슬프시게 하지 않았습니까? 일상의 많은 일에서 두려워하는 것은 조금도 당연한 일이 아닙니다.

자신의 믿음에 책임질 수 있습니까?

"애굽에서 나온 자들의 이십 세 이상으로는 한 사람도
내가 아브라함과 이삭과 야곱에게 맹세한 땅을 정녕히 보지 못하리니……"(민 32:11 上).

하나님은 이스라엘 백성들에게 풍족하고 기름진 땅, 가나안을 주셨습니다. 그러나 그들은 가나안 거민들과 맞서기도 전에 지레 겁먹었고, 싸울 의욕조차 없이 울기만 하였습니다. 애굽에서 노예 살이하던 기억은 까맣게 잊고서 그곳에서 왜 우리를 나오게 하여 고생시키냐며 통탄하였습니다. 애굽에서 나올 때 하나님이 홍해를 가르셔서 그 물벽 사이를 지났던 것도, 광야에서 구름기둥과 불기둥으로 보호받았던 것도, 성경의 그 어디에서보다 큰 이적을 경험했던 것도 그들에게는 아무 소용이 없었나 봅니다. 오죽하면 그들 중에서 우두머리를 세워 다시 애굽으로 돌아가자고 하였을까요?민 14:4

믿음 없는 이스라엘을 향해 하나님은 진노하셨습니다. "너희 시체가 이 광야에 엎드러질 것이라 너희 이십 세 이상으로 계수함을 받은 자 곧 나를 원망한 자의 전부가 여분네의 아들 갈렙과 눈의 아들 여호수아 외에는 내가 맹세하여 너희로 거하게 하리라 한 땅에 결단코 들어가지 못하리라"민 14:29-30. 그리고 가나안 땅을 악평하여 온 회중으로 모세를 원망케 한 열 명의 정탐꾼들은 하나님의 재앙을 받아 죽었습니다만 14:36-37.

여러분, 우리가 속한 가정, 학교, 일터 어느 곳에서나 우리의 믿음이 드러나야 할 것입니다. 믿음 없는 사람들의 뒤를 좇아 당장은 이익을 얻는다 해도, 그들이 여러분 인생의 결말까지 책임지지는 않습니다. 우리의 믿음, 우리의 마음 중심을 보시는 하나님께 집중하시기 바랍니다.

이 징벌이 얼마나 엄중한 것이었던지, 하나님은 이 말씀을 주시고 다시 마음을 돌이키지 않으셨습니다. 하나님께서 당신의 백성들에게 이렇게 진노하신 적이 없으셨습니다. 하룻밤을 울며 두려워 떨었던 것이 그들의 믿음이 바닥나 있음을 가감없이 드러내어 보였기 때문이었습니다.

이후로 40년의 광야 생활이 이어지는 동안 갈렙과 여호수아를 제외한 20세 이상의 이스라엘 백성은 모두 죽어 가나안 땅에 들어가지 못하였습니다. 하나님께서 정하신 20세란, 부모의 그늘에서 독립하여 성인으로 인정받는 나이를 말합니다. 스스로 판단하고 행동하며, 자신에 대해 책임질 수 있는 나이입니다. 따라서 자신의 신앙에 대해서 스스로 책임을 질 수 있는 사람들이 하나님을 믿지 못하고 불순종하여 절망한 것에 대해서 하나님께서 엄중히 책임을 물으시는 것입니다.

여러분의 믿음 없음은 그 누구의 책임도 아닌 여러분 자신의 몫입니다. 여러분은 보이는 상황에 대한 예리한 판단력만 있지, 믿음의 세계에 대해서, 순종의 삶에 대해서는 아무런 통찰이 없는 모습은 아닙니까?

육신의 나이에 대한 책임만 감당하지 말고 영혼의 나이, 신앙의 연수에 대한 책임도 감당하십시오. 여태까지 여러분의 인생을 놀랍도록 인도해 주신 하나님을 많이 경험해 보았으니 그 이력에 합당한 행실로 신앙의 연륜을 보여 주십시오.

 마음에 두고 생각하기

하나님께서는 믿음 없어 하나님의 약속을 믿지 못하고 불순종한 것에 대해 분명하게 징계하시고 그 책임을 물으십니다. 우리의 믿음 없이 행했던 일들을 깊이 뉘우쳐야겠습니다. 이제는 약속을 성취하시는 하나님을 믿고 하나님의 당부를 모두 지켜 행하는 순종의 사람이 되시기를 바랍니다.

하나님만으로 가득 찬 마음에서

"다만 그나스 사람 여분네의 아들 갈렙과 눈의 아들 여호수아는 볼 것은
여호와를 온전히 순종하였음이니라 하시고"(민 32:12).

히브리어 성경은 본문을 이렇게 기록하고 있습니다. "밀우 아하레 아도나이"מִלְא֖וּ אַחֲרֵ֥י יְהוָֽה. 직역을 하면 '여호와의 뒤를 따라 꽉 채웠다'라는 뜻입니다. 이 부분을 조금 부드럽게 번역을 하면 여호와의 뒤를 따라 그들 자신의 마음을 꽉 채웠다는 뜻입니다. 하나님에 대한 생각과 마음으로 그들의 마음을 꽉 채우고 하나님을 따라가는 모습을 보여 주는 묘사입니다. 우리는 여기에서 순종에 있어 아주 중요한 진리 하나를 만나게 됩니다. 순종은 하나님으로 가득 찬 마음에서 나온다는 진리입니다.

이 진리에 비추어 보면, 정탐꾼들의 거짓 보고와 그 보고 앞에서 완전히 무너져 버린 이스라엘 백성들의 마음은 하나님으로 가득 차지 않았음을 알게 됩니다. 그리고 여호수아와 갈렙의 마음이 하나님으로 꽉 채워져 있었다는 사실도 알 수 있습니다.

여러분, 강의 시원始原을 아십니까? 강이 시작되는 근원을 말합니다. 작은 개천들이 모여 커다란 강을 이루고 강은 바다로 흘러갑니다. 언젠가 중국 양자강의 시원을 찾아 조사해 가는 장면을 본 적이

있습니다. 양자강의 시원지는 산 속에 가리워진 작은 샘이었습니다. 거기서부터 쉼없이 소량의 물이 흘러내리면서 작은 물줄기가 개울이 되고 개울이 강이 되면서 대륙을 두루 적시며 유유히 흘러가는 것이지요.

순종하는 삶도 그러한 원리입니다. 강물처럼 흐르는 하나님의 백성의 숭고한 삶의 근원을 찾아 거슬러 올라가면 그 사람의 마음이라는 샘에 도달합니다. 마음은 순종하는 삶이 시작되는 곳입니다. 그러므로 마음의 상태가 어떠한지에 따라 순종 혹은 불순종하는 삶이 드러납니다.

항상 순종하는 삶을 살기 위해서는 우리 자신이 주님에 대한 생각과 은혜로 가득 채워져 있어야 합니다. 명예에 대한 욕구가 가득한 사람은, 명예를 얻기 위해 모든 것을 희생하면서 명예를 따라 다니는 사람이 됩니다. 이처럼 우리의 마음에 주님이 계시면 우리는 필연적으로 주님을 따라가는 삶을 살게 됩니다.

하나님이 주시는 은혜에 잠겨 있는 마음 상태를 유지하려면, 어제 받은 은혜로는 안 됩니다. 그저께의 눈물의 회개로도 부족합니다. 매일 매일 그날마다 부어 주시는 은혜를 갈망하십시오. 어제와 다른 새로운 은혜를 구하십시오. 우리가 기도하지 않을 수 없는 이유가 이것입니다. 그리스도인으로서 우리는 분명 주님을 위하여, 주님의 뜻대로 살기로 마음이 확정되었습니다. 그리하여 이전에 이미 예수를 영접하고 모든 죄를 뉘우쳤으나, 예수 죽인 것을 오늘도 내 몸에 짊어지고, '나의 나 된 것이 주님의 은혜라'고 고백하며 십자가 앞에서 우리의 무가치함을 확인하는 이유는 우리 안에 하나님만이 가득 차기를 바라기 때문입니다.

여러분, 예배를 통해 여러분 마음에 하나님만이 가득 차기를 갈망하시기 바랍니다. 여러분의 영혼을 만져 주시고 늘 은혜에 잠겨 순종하며 살게 해달라고 뜨겁게 부르짖으십시오.

이스라엘 백성들의 최후를 기억하십시오. 이들이 하나님의 이적을 보았고, 하나님의 보호하심 속에 광야를 지나 왔으면서도 온전한 마음을 지키지 못하여 믿음 없는 자와 같이 되었던 것을 말입니다. 그리하여 하나님의 진노를 받아 광야에서 유리 방황하다가 아름다운 가나안 땅을 밟아 보지도 못한 채 죽음을 맞았던 것을 말입니다. 버림 받은 백성들의 최후를 남의 것으로만 여기지 말고, 지금 여러분의 마음을 재정비하시기 바랍니다.

 마음에 두고 생각하기

마음을 지키는 일, 특히 마음에 하나님 한 분이 가득하고 하나님의 은혜가 충만하도록 지키기 위해 우리는 한시라도 한눈을 팔지 말고 늘 주의해야 합니다. 유리그릇이 깨지지 않도록 조심히 다루듯, 그렇게 여러분의 마음을 지키십시오. 그리하여 여러분의 믿음이 장성한 분량까지 자라가기를 기도합니다.

그들은 우리의 밥이라

"여호와께서 우리를 기뻐하시면 우리를 그 땅으로 인도하여 들이시고 그 땅을 우리에게 주시리라 이는 과연 젖과 꿀이 흐르는 땅이니라 오직 여호와를 거역하지 말라 또 그 땅 백성을 두려워하지 말라 그들은 우리 밥이라 그들의 보호자는 그들에게서 떠났고 여호와는 우리와 함께하시느니라 그들을 두려워 말라"(민 14:8-9).

이스라엘 온 회중이 가나안 땅을 얻을 수 없다는 절망과 두려움으로 울 때에, 이들에게 용기를 주려고 애썼던 두 사람이 있었습니다. 가나안에 정탐을 다녀 왔던 여호수아와 갈렙이었습니다.

그들도 가나안 땅의 튼튼한 성읍들을 보았고, 거민들의 장대한 기골을 보았으며 번쩍이는 무기들을 보았습니다. 그러나 그들은 영적인 눈으로 이 모든 것들을 보았습니다. '함께 하시는 여호와께서' 이 모든 것들에도 불구하고 이 땅을 주시리라고 약속하셨기에 두 사람의 마음에는 싸움에 대한 투지가 불타 올랐습니다. 그런데 이들은 '두려워 하지 말라'고 거듭 말하며 여호와 하나님께서 주신 약속을 붙들도록 촉구하다가 오히려 이스라엘 회중에게 돌을 맞을 위기에 처하였습니다민 14:10. 하나님이 택하시고 부르신 백성이 응당 하나님의 약속을 바라보아야 마땅하지 않습니까? 이는 이스라엘의 믿음 없음을 선명히 드러내어 주는 대목입니다.

이스라엘 회중들에게 여호수아와 갈렙의 언변은 비논리적으로 보였을 것입니다. '가나안 거민들과 이스라엘의 전쟁을 두고 생각할 때, 그 무엇 하나 우리에게 유리한 것이 없는 것은 맞지만, 하나님께서 함께 하시는 한, 가나안 땅을 우리가 취할 것이다.'

그러나 신앙을 가진 사람들의 입장에서 보면 이처럼 논리적인 것이 없습니다. 보십시오. '전능하신 하나님께서 우리를 애굽에서 건져 내실 때에 그 땅을 우리에게 주시겠다고 약속하셨다. 우리는 수많은 이적을 보면서 이곳에 다다랐다. 하나님은 당신의 말을 식언치 않으시며, 전능하신 분이시기 때문에 반드시 그 땅을 주실 것이다. 우리가 보기에 가나안 거민들이 아무리 강한 군사라 해도 하나님이 버리신 민족이기에 하나님이 함께 하시는 우리의 군대를 이길 리가 없다.'

머리로는 '하나님의 말씀대로라면 이렇게 행동하는 것이 옳아.' 하면서도 불순종하여 저렇게 행동하게 되는 이유는 무엇입니까? 두려움을 이기는 믿음, 집착을 버리게 하는 믿음이 없기 때문입니다. 게다가 믿음으로 순종하는 삶에는 대부분 희생이 따릅니다.

여러분, 눈에 보이는 희생의 크기가 너무 큰 것 같아도, 눈에 보이지 아니하는 하나님께 대한 순종은, 희생과는 비교할 수 없는 큰 결실을 거두며 되돌아올 것입니다.

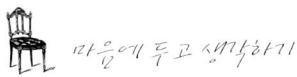

믿음이란 바라는 것들의 실상이요 보지 못하는 것들의 증거입니다(히 11:1). 우리의

눈에 보이는 것을 중시하며 사는 것은 결국 인간의 죄악 됨만을 드러내는 일이었습니다. 여러분, 보이지 아니하는 가치, 보이지 아니하는 하나님 나라를 추구하며 살아 보십시오. 믿음으로 순종하며 사는 삶이 인격에 깊이 새겨진다면, 어떤 난관 중에도 순종하기에 능한 사람이 되지 않을까요?

순종할 수 있는 비결

"내가 내려와서 그들을 애굽인의 손에서 건져내고 그들을 그 땅에서 인도하여 아름답고 광대한 땅, 젖과 꿀이 흐르는 땅 곧 가나안 족속, 헷 족속, 아모리 족속, 브리스 족속, 히위 족속, 여부스 족속의 지방에 이르려 하노라"(출 3:8).

몇 년 전, 교회의 한 청년과 면담을 하였습니다. 면담 중에 그에게 새벽기도가 필요하겠다는 판단이 서자 그에게 새벽기도를 드리도록 권면하였습니다. 그러자 청년의 얼굴빛이 어두워졌습니다. '목사님, 요즘 야근이 많아서 늦게 잠자리에 드는 데다가 새벽이면 온 몸이 두들겨 맞은 것같이 천근만근입니다. 새벽기도는 아무래도 무리일 것 같습니다.' 그러나 제가 계속 강권하자, 마지못해 일주일만이라도 빠짐없이 새벽기도를 드리겠노라고 약속을 하고 돌아갔습니다.

그 후에 다시 이 청년과 대화할 기회가 생겼는데, 그때 그가 이런 고백을 하였습니다.

'목사님, 예전에 제가 새벽기도를 드릴 수 없는 이유를 다 말씀드렸잖아요? 현실을 그대로 말씀드린 건 맞는데 빠뜨리고 생각지 못한 것이 있었습니다. 그 모든 한계 상황에도 불구하고 새벽을 깨어 하나님과 기도로 교제할 때 얻는 새 힘을 계산에 넣지 않았습니다. 신령한 은혜를 주셔서 영혼은 물론 육신의 힘을 공급받을 수 있다는 것을 미처 깨닫지 못했던 것입니다. 기도를 노동처럼 여겨서 피곤이 더할 줄 알았는데……. 제가 무지했습니다.'

이렇게 말하는 청년의 얼굴이 환하게 빛났습니다.

순종에는 희생이 따릅니다. 새벽을 깨우려면, 단잠을 포기해야 합니다. 하루 이틀이면 가능할지 모르지만 매일 새벽을 깨우는 것은 많이 희생하는 것 같고, 손해 보는 것만 같을지도 모릅니다. 그러나 청년의 고백처럼, 우리의 순종 위에 하나님의 축복이 부어집니다. 내 생각과 사고를 뛰어넘는, 더 큰 은혜와 사랑에 잠기는 것입니다.

인간의 생각으로 짜여진 논리를 뛰어넘는 것이 바로 믿음입니다. 믿음은 우리에게 평안을 줍니다. 이스라엘이 처한 상황은 인간적인 눈으로 판단할 때는 한계에 부딪힐 수밖에 없는 상황이지만, 여호수아와 갈렙은 그 상황을 그들의 평안을 뒤흔들 만큼 비중 있는 일로 여기지 않았습니다. 하나님이 함께 해주시면, 하나님이 능력을 부어 주시면 돌같이 단단해 보이는 것일지라도 물처럼 녹아 내리리라는 믿음이 확고하였기 때문입니다. 이러한 믿음이 여호수아와 갈렙으로 하여금 순종하게 하였던 비결입니다.

여러분, 여러분의 마음에 굳게 붙든 하나님의 약속이 있습니까? 그 약속의 말씀을 따라 살면 주께서 함께 하여 주실 것이며, 이길 수 없는 싸움에서 이기게 하시고 견딜 수 없는 고난과 시련을 통과하게 하시리라는 믿음의 사람이 되시기를 간절히 원합니다.

마음에 두고 생각하기

우리의 영혼이 곤고하고 은혜에 갈급할 때, 하나님이 주셨던 특별한 말씀이 있었습니다. 평소에는 눈으로만 스치고 지나갔던 성경의 한 구절이었는데, 간절히 하나님을 찾을 때는 회개의 눈물과 함께 꼭 필요한 말씀을 주시는 은혜를 경험하기도 했습니다. 그때에나 지금이나 우리에게는 생명의 말씀이 너무나 필요합니다. 하나님의 말씀 알기를 갈망하는 마음을 잃지 않도록 주의하십시오. 그래서 그 말씀이 비추는 길로 나아가도록 인도받으시기 바랍니다.

먼저 믿음을 보이라

"제 칠 일 새벽에 그들이 일찌기 일어나서 여전한 방식으로 성을 일곱 번 도니 성을 일곱 번 돌기는 그 날뿐이었더라 일곱 번째에 제사장들이 나팔을 불 때에 여호수아가 백성에게 이르되 외치라 여호와께서 너희에게 이 성을 주셨느니라"(수 6:15-16).

본문은 모세의 뒤를 이은 지도자 여호수아와 광야 2세대의 이야기를 다룹니다. 광야 생활을 시작한 세대들은 가나안 정탐 후에 믿음 없음이 드러나 하나님의 진노를 받아서 광야에서 모두 죽었고, 그들의 후손은 이제 광야 생활을 마치고 요단강을 건너 가나안 땅에 본격적으로 들어가게 됩니다.

그들이 첫 전쟁을 치를 여리고 성은 가나안에서도 가장 커다란 성이었습니다. 그런데 이스라엘 백성들은 기나 긴 광야 생활을 하다가 이처럼 견고하고 커다란 건축물을 처음 보았으니, 얼마나 기가 막혔을까요? 게다가 지도자인 여호수아가 알려 준 전쟁의 방법이 아무 말도 없이 여리고 성을 빙빙 도는 것이라고 하니, 과연 '여리고 성은 우리의 밥이 맞다!' 고 할 사람이 있었을까요?

그런데도 이스라엘 백성들은 여호수아의 명령에 순종했습니다. 여호수아와 함께 하시는 하나님을 의뢰하였기 때문입니다. 하나님은 그들이 당신을 향해 믿음을 갖도록 이끄셨습니다. 먼저 요단강을 건널 때 그들의 마음에 온전한 믿음이 있다면 그 믿음을 보이도록 하셨습니다. 40년 전 홍해를 건널 당시에는 하나님의 이적을 먼저 보이셨으나, 요단강을 건널 때는 그들이 믿음을 가지고 발을 내딛을 때에 물줄기가 말라 마른 땅을 건너도록 하신 것입니다. 요단 강물을 마르게 하시는 하나님을 보면서 그들은 '정말 하나님께서 살아 계신다!' 고 믿었습니다. 그리고 요단강물을 말리신 하나님이 우리가 알지 못하는 방법으로 이 높은 성벽도 함락하도록 인도해 주실 것을 믿는 믿음을 가질 수 있었습니다.

하나님께서 가나안 정복을 앞둔 이스라엘 백성들에게 할례를 행하라고 명령하셨을 때, 그들은 그 말씀에 순종하여 양피를 베고 드러누워 있었습니다. 인간의 상식으로는 이해할 수 없는 일입니다. 전쟁터에 들어갔으니 무기를 점검하고 체력을 단련하고 전쟁 계획을 짜야 정상적이지 않을까요? 그러나 그들은 하나님의 방식을 따랐습니다. 그들이 여호와를 섬기는 족속임을 확인하는 할례를 행하고, 애굽을 떠날 때 지켰던 유월절을 약속의 땅에 들어오면서 지켰습니다. 하나님이 허락해 주신 거룩한 땅을 기업으로 삼도록 우리에게 정복의 역사를 일으켜 주시기를 원하는 간절한 마음이 그들 공동체에 있었습니다. 그때에 하나님께서 여호수아를 만나 주셔서 여리고 성을 무너뜨릴 방법을 알려 주셨습니다. 하나 하나 차근차근히 깨닫도록 일하셨던 것입니다.

이스라엘 백성들이 여리고 성벽 앞에서 입을 딱 벌리고 망연자실했다면 믿음이 없다는 증거가 되었을 것입니다. 그 성벽 앞에서 주눅이 들었다면 믿음이 없다는 뜻입니다. 그러나 그들은 하나님의 역사하심을 보았고, 이제 더 큰 것도 기대할 수 있었습니다. 여러분에게 풀리지 않는 숙제, 바위처럼 견고하게 버티고 서 있는 문제가 있습니까? 인간의 안목으로 볼 때는 도저히 극복할 수 없는 것 같은, 여리고 성 같은 문제를 두고 실망하거나 좌절하지 말고 여호와의 이름을 부르짖으십시오. 하나님의 일하심을 기대하십시오.

 마음에 두고 생각하기

때때로 우리 앞에 놓인 상황이 의도한 대로 풀려 가지 않고, 어떤 문제를 만나게 되면, '이 문제는 내 밥이야' 하고 담대하게 외치기가 쉽지 않습니다. 여러분, 언제나 자신감 있는 모습으로 용기 있게 살고 싶으십니까? 하나님을 의지하고, 끈질기게 기도에 매달려 보십시오. 그것이 자신감과 용기를 잃지 않는 비결입니다.

무너져야 할 여리고 성

"여호와께서 여호수아에게 이르시되 보라 내가 여리고와 그 왕과 용사들을 네 손에 붙였으니"
(수 6:2).

가나안 땅에서도 가장 크고 견고하게 쌓은 성, 여리고를 함락하는 하나님의 방법이 무엇이었습니까? '이스라엘의 모든 군사가 성 주변을 엿새 동안 매일 한 바퀴씩 돌고, 칠일 째 되는 날 일곱 바퀴를 돌고 나서 제사장들이 나팔을 불면 나팔 소리를 듣고 모든 군사가 크게 소리 질러 외치라. 그러면 성벽이 무너져 성을 함락하게 될 것이다.' 수 6:3-5.

그러면 이스라엘이 여리고 성을 함락할 준비를 하는 동안, 여리고 성에서는 어떤 반응을 보였을까요? 그들은 이스라엘 백성들이 가나안 땅에 들어왔다는 풍문을 들었습니다. 이스라엘 백성이 모시는 전능한 신이 요단강물을 말리고, 이스라엘은 마른 땅을 밟으며 그 강을 건넜다는 소문도 들었습니다. 게다가 그들이 매일 먹는 양식은 하늘에서 내려온다는 것이었습니다. 이 소문을 들은 여리고 거민들은 두려움에 휩싸였습니다. 그래서 여리고 거민들은 먼저 나가 싸워 볼 생각조차 못하였습니다. "이스라엘 자손들로 인하여 여리고는 굳게 닫혔고 출입하는 자 없더라" 수 6:1.

이제 여호수아는 모든 군사를 정비하고 그들을 이끌고 여리고 성으로 출격하였습니다. 하나님의 방법으로 전쟁을 하기 위해서입니다. 그리하여 모든 군사가 침묵 속에서 여리고 성을 한 바퀴 돌았습니다. 여호수아를 제외하고 아무도 이 일이 언제까지 반복될지 알지 못했습니다. 다만 그가 "외치라!"고 하는 날이 올 때까지 성을 돌아야 한다는 것만 알았습니다.

여리고 성을 도는 일은 엿새 동안 계속되었습니다. 그런데 그 동안에 이스라엘 백성들은 성에 조금씩 균열이 생기거나, 한쪽 귀퉁이가 부서져 내리는 흔적을 조금도 찾아 볼 수 없었습니다. 여리고 성은 처음 모습 그대로 여전히 견고하게, 위풍당당하게 서 있었습니다.

이스라엘 백성들은 엿새 동안 되풀이되는 이 일을 인내로 견뎠습니다. 그들은 여호수아에게 순종하였고, 여호수아에게 말씀하시는 하나님께 순종하였습니다. 그리하여 여리고 성을 돌면서 그 침묵 속에서 하나님이 보이신 이적을 거듭 생각하였고, 약속을 지키실 하나님의 뜻이 이뤄지기를 간절히 소망하였을 것입니다.

우리에게도 여리고 성처럼 결코 무너지지 않을 것만 같은 문제가 있을 것입니다. 꽤 오랫동안 기도하였는데도 여전히 그대로라고 투정 부리고 있는 문제가 있습니까? 그렇다면, 하나님은 여러분의 인내를 바라시는 것입니다. 눈에 보이는 증거 없어도 하나님의 약속을 믿으며 인내로 간구하기를……. "무너지리라!"고 예정하신 때가 반드시 오리라고 굳게 믿으십시오. 믿고 순종하면 여리고 성이 무너지는 영광스러운 광경을 목도하게 될 것입니다.

마음에 두고 생각하기

우리가 중도에 포기한 기도 제목이 얼마나 많은지 생각해 보십시오. 우리는 응답이 더디다는 이유로 처음에는 열렬히 시작하였던, 그리고 꼭 이루어져야만 한다고 하나님께 호소하였던 기도의 제목들을 쉽게 포기해 버립니다. 우리가 정한 때와 하나님의 때는 아무 상관이 없을 수 있습니다. 그래서 우리는 하나님의 때가 이를 때까지 잠잠히 기다릴 필요가 있습니다. 이스라엘 백성들이 무너지리라 약속받았던 여리고 성 앞에서 잠잠히 인내하면서 순종하였던 모본을 보면서, 우리가 내려놓았던 기도 제목들을 들고 하나님의 정하신 때와 하나님의 지혜를 기대하면서 그때 그 기도를 다시 시작해 봅시다.

무너진 여리고 성

"이에 백성은 외치고 제사장들은 나팔을 불매 백성이 나팔 소리를 듣는 동시에 크게 소리질러 외치니 성벽이 무너져 내린지라 백성이 각기 앞으로 나아가 성에 들어가서 그 성을 취하고"(수 6:20).

여리고 거민들은 여리고 성을 굳게 닫아 걸고 두려움에 덜덜 떨었습니다. 그런데 하루가 가고 이틀이 지나도, 이스라엘 백성들이 부는 나팔 소리는 나는데, 나머지는 아무 말없이 성벽을 따라 돌기만 하는 기이한 광경을 보았습니다. 잔뜩 긴장했던 여리고 거민들은 두려움을 재빨리 버리고 성 아래를 바라보며 코웃음을 치고, 이스라엘을 향해 조소하였을 것입니다. 그들의 눈에는 눈에 보이는 것이 전부니까요.

그러나 이스라엘 백성들은 눈에 보이지 아니하시는 하나님의 명령을 준행하고 있었습니다. 하나님의 역사하심을 간구하고 있었습니다. 이들이 인내함으로 명령에 순종하던 마지막 날, 여느 때와 다름없이 새벽 일찍 그들은 모든 채비를 마치고 여리고 성을 돌았습니다. 그런데 이 날은 달랐습니다. 전날에는 한 바퀴 돌고 돌아와 다시 잠을 청하곤 했는데, 이 날은 무려 일곱 바퀴나 돌았습니다. 이스라엘 백성들은 때가 가까웠음을 감지하고 전쟁을 치를 마음을 재정비하였을 것입니다.

그리고 마침내 제사장들이 양각 나팔을 힘차게 불자, 모두들 힘을 모아 소리를 질렀습니다. 그러자 지난 엿새 동안 꿈쩍도 않던 여리고 성벽이 온 땅을 흔들며 와르르 무너져 내렸습니다. 동시에 백성들이 성 안으로 들어가 그 성을 취하였습니다 수 6:20.

이스라엘 백성들이 힘껏 외치자 성이 무너져 내렸지만, 과연 그 때문에 그 두꺼운 성벽이 무너졌을까요? 아닙니다. 그들의 믿음에 반응하여 역사하신 하나님 때문이었습니다. 그분은 엿새 동안의 기도를 들으셨습니다. 성벽에 금 하나 가지 않아도 인내하며 하나님의 때를 묵묵히 기다렸던 그 순종을 받으셨습니다. 만약이라도 그들이 하나님의 명령을 사람의 생각으로 이리 재고 저리 재며 말도 안 된다고 여겼다면, 이와 같이 역사에 길이 남을 놀라운 일이 벌어지지 않았을 것입니다. 이처럼 사람의 계산과 선입견에 사로잡히면, 또 그것으로 자기 행동의 모든 판단의 기초를 삼는다면 그들은 믿음의 위대한 모험을 할 수 없습니다. 그러하기에 세상에서 어리석어 보이는 사람들이 훨씬 풍성한 은혜를 누리는 것입니다.

여러분, 여러분 앞에 견고한 여리고 성이 놓여 있습니까? 어떻게든 이 성을 무너뜨려야 영혼이 살고 형통할 것 같은데 아무리 지혜를 짜내도 해결할 길이 열리지 않습니까? 하나님께서 가르쳐 준 방법으로 가야 합니다. 기도입니다. 하나님께서 일하시는 때가 반드시 온다는 믿음으로 기도하기에 힘쓰십시오. 기도로 순종하십시오. 하나님께서 주신 은혜의 수단에 의지하여 여리고 성과 같은 큰 인생의 위기를 극복하는 하나님의 위대한 역사에 동참하십시오.

마음에 두고 생각하기

때때로 기도하기가 힘든 이유는 아무리 기도해도, 풀리지 않는 문제가 여전히 그대로인 것처럼 보이기 때문입니다. 그러나 그것은 우리가 육신의 눈으로 상황을 살폈기 때문입니다. 하나님의 보이지 아니하는 손은 지금도 분주히 움직이고 있습니다. 그런 까닭에 우리는 기도를 쉴 수 없습니다. 하나님께서 정하신 때까지 순종함으로 기도하며 기다리면, 여리고 성이 무너지듯, 우리의 기도가 이루어져 기쁨의 함성을 외칠 그 날이 다가올 것입니다.

비상 사태를 선포할 때

"제 칠 일 새벽에 그들이 일찌기 일어나서 여전한 방식으로 성을 일곱 번 도니 성을 일곱 번 돌기는 그 날뿐이었더라 일곱 번째에 제사장들이 나팔을 불 때에 여호수아가 백성에게 이르되 외치라 여호와께서 너희에게 이 성을 주셨느니라"(수 6:15-16).

여러분, 이스라엘 백성들이 여리고 성을 도는 엿새 동안 그들이 감지할 만한 아무런 변화도 일어나지 않았다는 사실을 곰곰이 생각해 보셨습니까? 심지어 그들은 언제까지 침묵한 채로 성 주변을 돌아야 하는지 정확한 날짜도 몰랐습니다. 다만 새벽 일찍부터 채비하여 나서서 성을 한 바퀴 도는 일에 순종하였습니다. 침묵하면서, 그들은 자신들을 인도하시는 하나님에 대해 묵상하였고, 그분께서 여호수아를 통해 선한 일을 이루실 것을 믿었습니다. 여호수아를 붙들고 계신 하나님을 신뢰하였던 것입니다.

여러분, 여러분이 여리고 성과 같은 기도 제목을 가지고 있어서 그 성을 믿음으로 돌았듯이 그 기도 제목을 가지고 기도해야 한다면, 한 바퀴만 돌다 포기한 사람처럼, 혹은 엿새 동안 돌다가 마지막 날 포기한 사람처럼 기도하시겠습니까? 한 바퀴 돌다가 그만둔 사람은 한 바퀴도 돌지 않은 사람과 똑같습니다. 그런데 우리는 기도하다가 쉽사리 포기합니다. 눈에 보이는 변화가 아무것도 없다고 불평하면서 말입니다.

그러나 우리가 기도할 때 눈에 보이는 변화나 증거가 없어도 하나님의 일하심은 지속되고 있습니다. 다만 우리의 인내가 모자라서, 우리의 믿음이 적어서 쉽사리 포기하는 것입니다.

믿음이 없어서 하나님의 약속을 의심했던 사람들은, 보이지 않는 하나님의 약속이 성취되어 가는 과정을 영안으로 보지 않고, 기도해도 변하지 않는다고 불평하며 육신의 눈으로 보았습니다. 하나님은 우리를 있는 모습 그대로 받으시고 또 사랑해 주시지만, 우리가 하나님의 자녀로 다듬어지고 성장하기를 바라십니다. 그래서 우리가 기도를 드릴 때 바로 응답하는 경우도 있지만, 대부분 응답의 때를 알지 못하게 하심으로써 우리의 믿음이 더 깊어지도록 연단하십니다. 우리의 믿음의 순도를 확인하시는 것입니다.

여러분 앞에 여리고 성과 같은 큰 문제가 놓여 있어서 이 문제가 해결되지 않고는 자신의 인생에 참된 자유와 행복이 없으리라고 여겨진다면, 지금이 여러분의 삶에서 비상 사태를 선포해야 할 때입니다. '지금 이 순간부터 내 인생의 비상 사태이다.' 라고 선포하고서 평상시에는 할 수 없었던 일에 도전하는 것입니다. 새벽을 깨어 기도의 자리로 나아오는 일은 평상시에는 못해도 비상 사태에는 가능하지 않겠습니까? 기도하기 싫다는 마음의 변덕과 싫증이 와도, 비상 사태를 선포해 보십시오. 마음이 두 손 들고 굴복합니다.

여러분, 신앙생활은 여러분의 시간표에 맞춰서 남는 시간에 여가를 즐기듯 하는 것이 아닙니다. 뭔가 느슨하고 나사 풀린 듯이, 태평하게 뒷짐 지고 산책하듯이 하는 것이 아닙니다. 그리스도인은 세상에 '너와 나는 다르다. 나는 세상과는 구별된 거룩한 자녀다!'라고 선포한 군사이기 때문입니다. 군사가 전쟁터에서 경치를 즐기고 춤을 추겠습니까? 여러분, 이 세상에 대하여, 여러분의 영혼에 대하여 비상 사태를 선포하십시오. 신앙의 태도가 바뀌어야 믿음의 역사가 일어납니다. 하나님 앞에서 온전함을 추구하며 믿음을 가지고, 인내하며, 순종하는 한 사람으로 인해 견고한 여리고 성은 무너져 내릴 것입니다.

 마음에 두고 생각하기

여리고 성이 무너지는 사건을 보며, 하나님께서는 우리의 생각을 뛰어넘는 다른 차원으로 우리의 삶에 역사하신다는 사실을 깨닫습니다. 여리고 성을 무너뜨리는 방법은 사람의 생각에서는 나올 수 없는 것이었습니다. 우리의 작은 머리로는 다 헤아릴 수 없는 하나님의 뜻과 지혜가 우리의 삶을 어떤 놀라운 방법으로 만지시고 지나가실지 참 기대가 되지 않습니까?

obedience
by grace

고치시는 하나님의 은혜

고난을 받았으나 1

고난을 받았으나 2

기다리시는 아버지

고난을 통해 배운 순종

주의 말씀이 등불이 되어

나그네 길에서 부르는 노래

영광 받으실 하나님의 이름

당신의 이름을 위하여

말씀이 뿌려졌으나

말씀에 갈급합니다

하나님의 은혜를 갈망합니다

주의 규례의 선하심을 믿습니다

다윗의 순종

고치시는 하나님의 은혜

"고난 당하기 전에는 내가 그릇 행하였더니 이제는 주의 말씀을 지키나이다"(시 119:67).

제가 어린 시절만 해도 골목길을 누비며 이렇게 외치는 사람이 많았습니다. "솥 때우시오. 냄비 때우시오!" 일단 그들의 손에 물건이 잡히기만 하면 고쳐지지 않는 것이 없었습니다. 아이들이 신다가 떨어진 검은 고무신도 때우고, 뚫어진 양은 솥도 손재주를 부려 감쪽같이 때웁니다. 깨진 장독도 다시 이어 붙여 쓸 만한 것으로 고쳐 줍니다.

하나님도 땜장이처럼, 망가진 사람들을 고쳐서 다시 살아가게 하십니다. 우리들이 흔히 '저 사람 영 못쓰겠네, 나쁜 사람이야, 희망이 없어.'라고 판단내리는 사람이라도 하나님은 놀라운 은혜로 그를 고쳐서 사용하십니다.

주님을 몰랐을 때는 제멋대로 살던 사람이 주님을 믿고 나서 새로운 삶을 살게 되면, 하나님께 순종하며 살고 싶은 열망이 드는 것은 신자의 공통된 경험일 것입니다. 그런데 그렇게 결심했다고 해서 처음부터 끝까지 하나님께 100% 순종하며 사는 사람은 없습니다. 인간의 본성 자체가 부패하기 쉽고, 자기 사랑에 사로잡히기 쉬우며, 잠시만 마음을 잃어도 하나님께 불순종하는 데로 나아가려

하기 때문입니다.

인간의 연약함을 아시기에 하나님께서는 불순종하는 자도 내버려 두지 않으시고 고치십니다. 그리고 고치시는 방법 중에 하나가 고난을 주는 것입니다. 그러한 고난을 당해서 하나님께 더욱 의지하며 돌아오는 자가 하나님께는 착하고 소중한 존재입니다.

다윗이 그러한 사람이었습니다. 그는 구약시대를 통틀어 하나님의 사랑을 가장 많이 받고 또 하나님을 뜨겁게 사랑했던 사람이지만, 그가 평생 단 한 점의 오점 없이 하나님께 순종만 드린 사람은 아니었습니다. 그가 불순종했던 기록은 아직도 성경에 남아 내려 오고 있습니다.

그의 불순종은 그에게 커다란 고난과 고통을 주었습니다. 그러나 다윗은 끝까지 불순종의 길을 고집하지 않고 고난을 당할 때 오히려 하나님을 바랐습니다. 그 뒤에 숨겨진 하나님의 마음을 헤아리고자 노력했고, 기도로 하나님의 은혜를 구하였습니다. 하나님의 뜻과 계획을 당장 알지 못하여도 하나님의 선하심을 믿으며 순종하였던 것입니다. 그리고 그분은 그런 다윗을 높이 들어 올리셨습니다.

다윗은 선택받은 하나님의 백성이 누릴 영광이 무엇인지를 보여 주었다는 의미에서 이스라엘의 신앙적인 조상과 같습니다. 이스라엘이 언제나 꿈꾸었던 시대는 다윗의 시대가 다시 도래하는 것이었습니다. 왕은 하나님을 경외하였고 하나님은 이스라엘 백성들에게 인자를 베푸셨으며 백성들은 경건한 신앙을 추구하며 그 안에서 평화를 누렸고, 나라가 한 신앙 안에서 하나 되어 굳게 서니 주변 국가들이 감히 넘보지 못할 뿐 아니라 앞다투어 조공을 바치는 영광을 누렸던 시대. 그런 민족적인 역사의 주인공이 바로 다윗이었습니다.

여러분, 하나님의 놀라운 은혜가 여기에 있습니다. 하나님께 잘못을 저지른 자라도 그를 버리지 아니하시고 고치셔서 더 큰 일을 감당할 자로 세우시는 것은 우리와 같은 죄인들이 감당치 못할 은혜입니다. 우리의 본성의 강퍅한 대로 두셔서 죄인이 죄의 길로 가는 것을 가시덩쿨과 담으로 막으시는 하나님, 그 하나님의 고치시는 은혜를 경험한 증인이 다윗입니다. 고난을 당하였으나, 고난에 지지 아니하고 그 너머의 하나님의 섭리와 사랑을 깨닫고 돌아온 사람, 더 깊은 기도와 회개의 눈물로 하나님께 나아온 사람, 하나님은 다윗과 같은 사람을 오늘 우리 중에서 찾고 계십니다.

 마음에 두고 생각하기

우리의 마음은 수시로 변덕을 부립니다. 그래서 하나님께 특별한 순종의 삶을 살다가도 가장 흉악한 죄인으로 돌변할 수도 있는 위험이 늘 우리 가운데 도사리고 있습니다. 다윗의 경우처럼 말입니다. 하지만 하나님은 늘 동일하십니다. 그래서 우리가 불순종한 길에서 돌이켜 하나님을 찾아 돌아오면 언제라도 고치시고 어루만지셔서 다시 하나님의 자녀다운 차림으로 살아갈 수 있도록 회복시켜 주십니다. 돌아오십시오. 주님께 맞을 짓을 했더라도 주님 품에서 맞고 다시 약을 발라 치료해 주시는 은혜의 세계로 어서 돌아오십시오.

고난을 받았으나 1

"고난 당하기 전에는 내가 그릇 행하였더니 이제는 주의 말씀을 지키나이다" (시 119:67).

다윗의 처음은 작았습니다. 일곱 명의 형제들에게 가려진 막내였고, 양을 치는 목동이었습니다. 그런 그가 하나님의 택하심을 받고 이스라엘의 왕이 되었습니다. 그는 하나님의 마음에 합한 사람이었습니다. "……내가 이새의 아들 다윗을 만나니 내 마음에 합한 사람이라 내 뜻을 다 이루게 하리라"행 13:22下.

신약성경 첫 장인 마태복음 1장 1절은 말합니다. "아브라함과 다윗의 자손 예수 그리스도의 세계라." 그런데 희랍어 성경에서는 아브라함보다 다윗의 이름이 먼저 등장합니다. 이스라엘 역사에 있어 다윗의 위치가 얼마나 중요한지를 보여 주는 것이지요.

다윗은 일생 동안 하나님께 넘치는 복을 받았던 반면, 고난도 많이 겪었습니다. 다윗이 왕이 되기 전에는 사울의 핍박을 받고 고난을 당했습니다. 이것은 자신의 잘못 때문에 받은 고난이 아니라 하나님께서 다윗을 연단하시려고 당하게 하신 고난이었습니다.

다윗은 그가 당하는 고난에 어떻게 반응하였을까요? 고난을 주는 대상인 사울을 처치하면 그에게 행복이 온다고 여겼을까요? 그렇지 않았지요. 다윗은 사울을 긍휼히 여겼습니다. 그의 목숨을 빼앗는 일에 목적이 있지 않았습니다. 비록 사울이 가하는 고난과 핍박을 피할 수 없어 묵묵히 감수하였지만, 사람의 힘으로 이루어지는 일이 아님을 알았기 때문입니다. 하나님께서 그를 고난을 통해 단련하시어, 하나님을 의지하는 자로 빚어 가신다는 섭리를 깨달았기 때문입니다. 다윗이 하나님과 동행하였던 사실이 여기에서 잘 드러납니다.

그런데 다윗에게 있어 더 큰 고난은 자신의 범죄로 인해 당한 고난이었습니다. 성경에 기록된 다윗의 불순종의 범죄는 먼저 하나님께서 금하신 인구 조사를 실시한 사건입니다 삼하 24장. 왕으로서 인구 조사를 하는 것은 행정적으로 필요한 일입니다. 대개 군사력과 노동력을 확보하기 위해 인구 조사를 하는데, 문제는 다윗이 자기네 나라의 군사와 백성들의 숫자에 관심을 갖게 된 것에 있습니다. 하나님만을 의지하며 이 나라를 지키시는 분이 하나님이시라는 확신 속에 나라를 이끌어가기보다 다분히 군사의 수, 사람의 수에 의지하여 국정을 운영하는 그 시작을 보여 주기 때문입니다. 행정적으로는 문제가 없었지만 신앙적으로 큰 문제가 되었습니다.

하나님은 그에게 세 가지 중에 한 가지의 고난을 택하도록 하셨습니다. 그러나 다윗은 그 중에 어떤 것도 택할 수 없어서 하나님의 뜻대로 하시기를 구했습니다. 그러자 이스라엘 온 나라가 삼 일 동안 온역plague, 전염병으로 인해 신음하게 되었습니다. 칠만에 달하는 사람이 온역에 걸려 죽었고 온 집과 골목에서 곡하는 소리가 끊이지 않았습니다. 이때 다윗의 마음은 말로 형용할 수 없이 아팠을 것입니다. 가슴이 찢어질 듯하였을 것입니다. 그처럼 백성을 사랑한 왕이 백성들의 피

눈물을 보며 차라리 자신이 죽기를 바랐을 것입니다. "나는 범죄하였고 악을 행하였삽거니와 이 양 무리는 무엇을 행하였나이까 청컨대 주의 손으로 나와 내 아비의 집을 치소서"삼하 24:17.

여러분, 우리 역시 하나님의 연단하시는 고난을 당하는 경우보다 우리의 범죄함으로 말미암아 고난을 받는 경우가 더 빈번할 것입니다. 그러나 고난을 당한다고 해서 하나님을 떠난 사람들 모두가 자신의 불순종을 깨달아 그분께로 돌아오는 것은 아닙니다.

사랑하는 여러분! 하나님을 원망하고 계십니까, 아니면 하나님 앞에 착한 자녀이지 못한 자신의 모습을 직면하고 가슴으로 울고 계십니까?

 마음에 두고 생각하기

여러분의 불순종 때문에 당하는 고난인데도 하나님을 원망하고 있지는 않습니까? 고난을 받는 이유를 정직하게 인정하십시오. 고난이 고난으로만 끝난다면 우리의 인생은 정말 동정을 받아 마땅하겠으나, 그것을 통해 더욱 고결한 영혼과 인격으로 빚어진다면 고난 당한 것이 오히려 여러분에게 유익이 되지 않겠습니까?

고난을 받았으나 2

"고난 당하기 전에는 내가 그릇 행하였더니 이제는 주의 말씀을 지키나이다" (시 119:67).

다윗은 일생 동안 하나님의 넘치는 사랑을 받았으나 정작 사람으로부터는 제대로 사랑을 받지 못하였습니다. 다윗의 아버지 이새가 사무엘에게 아들들을 선보였을 때, 다윗은 제쳐 두고 형들만 데리고 나왔습니다. 어쩌면 다윗은 아버지에게도 세심하게 고임을 받고 있지 못했던 것 같습니다. 그리고 다윗이 왕위에 오른 후에도 사랑의 결핍을 경험하였던 것 같습니다. 여호와의 궤가 다윗 성으로 들어올 때에 다윗의 아내였던 미갈이 창으로 내다보다가 다윗의 기뻐 뛰놀며 춤추는 모습을 보고 마음속으로 그를 업신여겼던 성경의 기록으로 미루어 보아, 다윗은 가장 사랑받아야 할 아내에게서도 사랑과 존경을 받지 못했다고 볼 수 있습니다. 그는 외로운 사람이었습니다. 그가 늘 하나님과 깊은 교제를 경험하며 살았기 때문에 사랑의 결핍을 느끼지 못했을 뿐입니다. 그는 하나님과의 관계가 조금만 소원해져도 외로움에 빠질 위험이 다분한 사람이었습니다.

늘 왕국의 번영을 위해 전쟁터에 직접 달려 나갔던 다윗이 무슨 이유에서인지 왕궁에 남아 한가하게 산책을 하고 있었습니다. 그러던 중 한 여인이 목욕하는 장면을 목격하였습니다. 다윗은 그 여인의 아리따움을 탐하다가 결국 간음을 저지르는 데까지 이르게 됩니다. 그녀에게 남편이 있고, 그 남편이 자기의 충신, 우리야인 사실을 모르는 사람처럼 말입니다. 다윗은 외로운 중에, 그 외로움을 하나님 아닌 것으로 달래고 싶은 욕망 앞에서 마음을 지키지 못하고 무너졌습니다.

다윗은 밧세바와 간음죄를 저질렀던 사실을 은폐하기 위해 더 큰 악을 행하였으니, 바로 하나님을 경외하고 누구보다 자신에게 충성스러웠던 우리아를 전방으로 몰아 넣어 죽게 한 일입니다. 이 일에는 부하 요압과의 은밀한 모의가 숨어 있었습니다. 그러나 다윗이 아무리 은밀하게 계략을 짠다 해도 하나님의 눈을 가릴 수는 없습니다. 하나님은 나단 선지자를 보내어 그의 죄악을 드러내셨고, 그의 죄로 인해 당하게 될 고난을 예고하셨습니다. 이 범죄는 이전의 것과 비할 수 없는 고난 속으로 그를 이끌어 가게 됩니다.

다윗이 이전에는 하나님을 경험하지 못했습니까? 오히려 하나님과 친밀하게 교제하며 주님을 의지하며 살았습니다. 그러하기에 그가 범죄한 직후부터 회개하기 전까지 심령으로부터의 고통과 죄의식은 이루 말할 수 없었습니다. 눈물로 온통 침상을 적시며 회개하였으나, 이것은 그의 범죄로 인해 받을 고난의 서막에 불과하였습니다. 사랑하는 자식들간의 칼부림, 자식에게 반역을 당하여 도성 밖에서 망명 생활을 하는 등, 그의 고난은 그의 말년까지 끊이지 않았습니다. 그 고난의 생을 살면서 다윗은 그의 범죄함을 통탄하였을 것이며 그 누구보다 고난이 무엇인지 깨우쳤을 것입니다.

그러나 다윗에 대해 '하나님께 불순종하여 엄청난 고난을 당하다가 마침내는 비참한 최후를 맞이하였다.'고 기록되어 있지 않습니다. 오히려 그와 같이 하나님을 사랑하고, 하나님의 마음에 합한 자를 찾기 어려울 정도라고 성경은 증거합니다. 그것은 다윗이 불순종하였어도, 마음을 돌이켜 하나님 앞에서 진실로 회개하였기 때문입니다. 더 온전하게 하나님께 순종하려고 피와 땀을 쏟았기 때문입니다.

하나님을 경험한 신자라면 '아무개는 불순종의 죄를 저지르고 하나님을 거역하였다. 그리고 죽었다.'고 기록되는 것을 수수방관할 사람은 없을 것입니다. 하나님께 불순종했던 과거를 버리고 싶으십니까? 깨끗이 지워 버리고 싶으십니까? 그러면 그 죄를 덮으려던 모든 시도를 멈추십시오. 그것을 드러내어 잘못을 인정하십시오. 사람들에게 받을 비난과 손가락질, 수군거림이 당장은 두려울지 몰라도, 죄 때문에 하나님을 떠나 하나님 없이 인생을 비참하게 마감하는 것에 비하면 아무것도 아닙니다. 눈 앞에 보이는 것 너머에서 일하시는 하나님께 기대시길 바랍니다. 불순종의 길에서 돌이킬 힘을 주시는 그분께로…….

 마음에 두고 생각하기

이미 저질러진 불순종이라면, 그 죄악에 대한 징계를 피할 수는 없습니다. 그러나 징계를 받아 마음이 아파도, 상황이 어려워져도 기꺼이 감수할 수 있는 이유는 어리석은 우리들을 긍휼히 여겨 주시는 하나님의 성품을 의뢰하기 때문입니다. 우리에게 베푸신 하나님의 선하심을 묵상해 봅시다.

기다리시는 아버지

"고난 당하기 전에는 내가 그릇 행하였더니 이제는 주의 말씀을 지키나이다"(시 119:67).

누가복음 15장의 탕자의 이야기를 아십니까? 사랑 많은 아버지와 안락한 집을 버리고 뛰쳐 나간 둘째 아들이 있었습니다. 먼 이방 땅에 간 그는 부나비처럼 자신을 내던져 잠시의 쾌락을 즐겼습니다. 그런데 수중에 있던 돈이 다 떨어지자 친구도 여자도 술도 떠나 버렸습니다. 마침내는 머무를 곳도 없는 지경이 되었습니다. 그는 굶주린 배를 움켜 쥐고 돼지가 먹던 열매를 빼앗아 먹으면서 자신의 신세를 통탄하였지요. 결국 그대로 굶어 죽을 수는 없어 고향으로 돌아가기로 결정을 내렸습니다.

탕자는 자신이 저지른 죄를 생각할 때마다 감히 아버지의 얼굴을 볼 수 없어 몇 번이나 발걸음을 주저주저하였습니다. '동네 사람들이 손가락질하며 비웃겠지, 형이나 하인들은 또 어떻고……, 아버지의 유산을 미리 받아서 모조리 탕진하고 이 모양 이 꼴로 돌아가면 아버지는 나를 어떻게 맞으실까.'

그의 뇌리에 아버지와의 즐거운 추억들, 아버지의 인자한 모습이 둥실 떠올랐습니다. 아들은 아버지를 알았습니다. 혼을 내고 욕을 할지언정 자신을 내쫓거나 모른 체하지 않으실 것을 알았습니다.

아버지를 생각하니 힘이 났습니다.

이제 고향 동네의 입구에 다다랐습니다. 낯익은 마을의 전경이 보였습니다. 그런데 저 멀리서 자신을 부르는 음성이 들려왔습니다. 늙은 아버지가 먼데서부터 자기를 알아 보고 달려 오고 있었습니다. 거지꼴을 한 자신의 모습이 부끄러워 고개를 들지 못하는데, 아버지는 한달음에 달려와 아들을 꼭 껴안았습니다. 아들의 마음이 눈 녹듯 녹으며 자신의 죄를 털어 놓는 동안에 아버지는 아들에게 옷을 입히고 아들이라는 표시로 가락지를 끼워 주며 잔치를 베풀겠노라고 기뻐하였습니다. "내 아들이 죽었다가 살았으며 내가 잃었다가 얻었으니 우리가 즐거워하고 기뻐하는 것이 마땅하지 않겠느냐"눅 15:32.

이것이 아버지의 마음, 하나님의 마음입니다. 하나님께서는 우리가 큰 고난을 당하고서야 정신을 차리는 것보다 하나님의 작은 음성, 작은 사건 하나를 통해 깨닫기를 바라십니다. '내게로 돌아오너라'는 메시지를 던지시는 하나님의 마음을 우리가 알기 원하십니다.

다윗은 고난을 당하고 나서 다시 하나님께로 되돌아왔습니다. 자신을 고난에 처하게 내버려두시는 것에 하나님의 뜻과 섭리가 있지 않음을 알았습니다. 하나님의 마음을 헤아려 하나님의 뜻대로 순종하며 사는 삶으로 되돌아오라는 하나님의 메시지를 읽은 것입니다.

돼지우리에서 묻은 것 같은 더러운 죄의 더께를 우리의 힘으로는 깨끗이 씻어 낼 수 없습니다. 처음에는 우리가 불순종의 손을 잡았지만, 사단은 일단 우리를 잡으면 쉬이 놓아 주지 않습니다. 하나님께 돌아가지 못하게 불순종의 구덩이에서 허우적대도록 조정합니다. 그 구덩이에서 그저 우는 것은 소용이 없습니다. 잘못을 후회하며 자책해 보아도 상황은 나아지지 않습니다. 그러니 여러분, 우리의 온 마음을 드려 통탄하며 회개해야 합니다. 그때에 하나님은 그 더러운 곳에서 일어날 힘을 주시고, 누더기처럼 헤진 우리의 몸과 마음을 깨끗케 하십니다. 하나님은 회개하는 죄인들을 한없이 긍휼히 여기시는 우리의 아버지이시기 때문입니다.

 마음에 두고 생각하기

하나님께서는 돌아온 탕자의 아버지처럼, 우리의 겉모습만이 아닌 우리의 영혼 깊은 곳까지 보시고 사랑해 주시는 하나님이십니다. 우리들이 죄라는 돼지우리에서 구르고 추한 모습이 되어도, 하나님 아버지께서는 우리를 측은히 여기시고 우리의 손을 잡아 주십니다. 주께서 내미신 손을 거절하지 마십시오. 주님을 뵈올 면목이 없다고 뿌리치는 것도 불순종입니다.

고난을 통해 배운 순종

"고난 당하기 전에는 내가 그릇 행하였더니 이제는 주의 말씀을 지키나이다"(시 119:67).

하나님을 경외하는 사람은 고난을 당하였을 때, 먼저 지금까지 자기 자신이 탐닉하고 집착하던 것들에 대해 거리를 두고 객관적으로 판단하려 합니다. 자신의 마음이 주님 외에 다른 것으로 점령되어 있는지를 면밀히 검토하게 되는 것입니다. 다음으로는 하나님을 향해 마음이 낮아집니다. 그래서 하나님을 의지하는 마음이 생겨나는 것입니다.

어떤 이들은 '잘 살다가 별안간에 큰 고난을 당했어요.'라고 말하기도 합니다. 그런데 그가 '뜻밖의 고난'을 당하기 전에 하나님께서 수없이 그에게 인격적으로 말씀하시고, 양심으로 깨닫게 하시면서 설득하셨던 과정이 반드시 선행되었습니다. 그래도 거스르면 하나님께서 고난을 주시는 것입니다.

다윗은 순종한 사람으로서도 본이 되지만, 불순종하여 고난을 당하여 하나님께 되돌아온 사람으로서 우리에게 아름다운 본이 됩니다. 다윗 왕의 시대가 지나고, 이후에 이스라엘 역대 왕들의 행실을 판단할 때 성경은 다윗을 기준으로 삼고 있습니다. '다윗의 길로 행하였더라'는 말은 '다윗 왕처럼 하나님의 마음에 합당한 왕이었다'란 평가가 됩니다. 다윗과 반대의 기준이 되는 왕은 여로보암인데, '여로보암의 길로 행하였더라'는 표현은 '왕의 행실이 하나님께 미움 받을 만한 것이었다'라는 의미입니다.

다윗의 뒤를 이어 솔로몬이 왕이 되었을 때, 하나님께서는 솔로몬에게 많은 축복을 주시겠노라고 약속하시면서 한 가지 조건을 말씀하십니다. 그 모든 축복들이 바로 "네 아비 다윗의 길로 행하면" 주어진다는 것이었습니다. 다윗의 시대는 지나갔지만, 다윗은 하나님의 마음에 계속 살아 있어서 하나님께서 다윗과 같은 사람을 찾으신다는 결론에 도달하는 것입니다.

이스라엘의 역사상 가장 강대한 왕국을 건설하고 온 백성이 하나 되어 하나님을 섬기도록 이끌었던 왕이었으나, 불순종의 죄로 인해 평생 고난이 그치지 않았던 다윗. 그는 고난을 통해 징벌을 받았으나 다시 하나님의 쓰임을 받는 하나님의 도구가 되었습니다. 그는 징계 중에 회개하였고 하나님의 법에 순종하였습니다. "고난 당하기 전에는 내가 그릇 행하였더니 이제는 주의 말씀을 지키나이다."

비록 불순종하였고 그로 인해 고난을 받아 죽을 것 같았지만, 그는 하나님께 깊이 회개하여 하나님과의 관계를 새롭게 회복하였습니다. 하나님께서는 다윗의 순종의 삶을 기뻐하셨고 다윗이 노년에 이르도록 하나님을 더욱 의뢰하며 사는 순결한 사람으로 빚으셨습니다. 다윗의 백발이 성성해 갈수록 하나님과의 교제는 더욱 생생해져 갔고, 그가 젊었을 때는 맛보지 못했던 장엄한 은혜의 세계 속에 들어가 하나님과 그리스도의 찬란한 영광을 목격하는 증인이 되었습니다.

여러분, 그의 일생이 부럽지 않으십니까? 다윗도 신앙에 있어 실패한 경험이 있었습니다. 만약 그가 실패한 후에 그대로 패역한 길로 갔다면 그의 이름이 성경에 등장했다 해도, 우리에게 아무런 감흥이나 영향력을 줄 수 없었을 것입니다. 그가 하나님께로 다시 돌이켰기에 그의 이름이 성경에서 빛을 발하고, 우리의 가슴 속에도 살아 있습니다. 우리는 그가 불순종했다는 사실보다, 그가 불순종하여 사는 내내 고난을 당했다는 사실보다, 하나님께서 그를 당신의 사랑하는 자녀라 다시 불러 주신 것과, 하나님은 돌아오는 이들을 기쁘게 받으시는 분임을 더욱 기억하게 되었습니다. 우리를 향한 하나님의 사랑은 후회하지 않으시며 변개치 않으시는 신실한 사랑입니다.

 마음에 두고 생각하기

비록 다윗이 유혹에 자주 이끌려 넘어져도 그가 하나님의 이름 앞에 엎드렸을 때, 하나님은 다시 그를 품에 안아 주셨습니다. 집 나간 탕자를 한없이 기다리시며 또 기쁨에 겨워 맞아 주시는 하나님의 심정을 조금이나마 헤아려 보십시오.

주의 말씀이 등불이 되어

"고난 당하기 전에는 내가 그릇 행하였더니 이제는 주의 말씀을 지키나이다"(시 119:67).

다윗의 시대는 지금과 달리 밤의 어둠이 더욱 짙었을 것입니다. 다윗과 같은 지위의 사람들은 밤길을 다니게 되면, 종자가 주인의 곁에 있어서 막대에 등을 달아 길을 비춰 주었습니다. 등불이 있기에 그들은 안전하게 밤길을 다닐 수 있었습니다. 이스라엘 백성들이 애굽에서 나와 험한 광야에서 안전하게 지낼 수 있었던 것은 밤이면 찬란하게 비추는 불기둥 때문이었습니다 출 13:21, 민 14:14.

다윗은 하나님의 말씀이 어둠을 비추는 빛이라고 고백했습니다. "주의 말씀은 내 발에 등이요 내 길에 빛이니이다"시 119:105. 하나님의 사랑과 은혜를 많이 받았다고 할지라도, 하나님의 말씀이 우리의 인생길을 걸어가는 데 있어서 어디를 내딛어야 할지 비추어 주는 등불이 되지 않는다면, 우리가 달려간 그 길의 끝에 낭떠러지나 막다른길, 혹은 바닥을 알 수 없는 늪이 기다리고 있을지도 모릅니다. 한 걸음 한 걸음 '오늘' 주님의 말씀을 깨닫고 은혜 안에서 살면서 주님과 동행하며 살아가는 것, 그것이 다윗을 지켜 주었고, 우리를 지켜 준다는 것을 경험으로 깨닫습니다.

말씀을 듣고 자신을 돌이키는 사람에게는 고난이 주어질 필요가 없습니다. 하나님의 말씀 속에서 '그렇게 살면 안 된다. 내게로 돌아오너라.'는 메시지를 읽고 먼저 양심으로 반응하여 '내가 하나님의 사랑을 알고서도 이렇게 불순종하며 살면 그분이 싫어하시지.', '내가 이렇게 살다간 하나님께 혼날지도 몰라.' 하고 스스로 깨우치고 삶을 정비하는 사람이 있습니다. 말씀의 빛 앞에서 자신의 속까지 투명하게 비추어 보는 것입니다. 겉으로 보기에 그럴 듯한 신앙으로 사람들의 눈에 드는 것이 아니라, 모든 것을 꿰뚫어보시는 하나님의 눈에 흡족하여 지기를 간구하게 되는 것입니다.

하나님의 뜻대로 순종하며 살았노라고 과거를 자랑할 사람이 어디 있을까요? 과거에 저지른 불순종은 이미 벌어진 일인데, 지금 후회한다고 해서 돌이킬 수도 없고 슬퍼한다고 해서 그것을 고칠 수도 없습니다. 우리가 하나님께 불순종하여 하나님의 뜻을 거스른 자리에 서 있다는 것을 알았다면, 이제 할 일은 그 길에서 돌이키는 것입니다. 예전에 하나님의 사랑 안에서 살던 때, 그 은혜와 쏟아지는 축복 속에서 살던 때를 기억하고 애통하며 회개해야 합니다.

하나님은 죄는 미워하시지만 죄인은 긍휼히 여기는 하나님이십니다. 그러니 우리들이 계속 불순종하며 하나님을 거스르고 있는 동안에는 하나님의 긍휼을 입을 수가 없습니다. 하나님의 말씀을 들어도 진부하게 들리고 예배 시간이 한없이 길게 느껴지는 것입니다. 그러나 하나님 앞에 우리의 마음을 깨뜨리고 진심으로 회개하고 나면 그 다음에는 놀랍게도, 오랫동안 사라졌던 하나님의 말씀에 대한 미각이 살아납니다. 강단에서 선포되는 하나님의 말씀이 내 귓가에 들려주시는 말씀으로 다가옵니다.

　물론 우리들이 회개하여도 우리의 범죄로 인한 고난이 지속될 수도 있습니다. 우리가 하나님께로 돌아오도록 우리를 치신 시련과 어려움은 아직도 남아 있어서 우리의 기도 제목이 될 수 있습니다. 그러나 놀랍게도 하나님께서는 돌이키는 자의 마음속에 역사하셔서 말씀에 대한 깨달음을 다시 주십니다. 그리고 어두움 속에서 한 줄기의 빛이 되시어 가야 할 길이 어디인지 깨닫는 분별력을 주십니다. 그렇게 해서 우리가 하나님의 마음을 전수받아 다시 총명을 회복하도록 도우십니다. 다윗이 하나님 앞에서 고난을 감당해 갈 때 고난은 다윗으로 하여금 순종하며 살게 만드는 하나님의 선물이 되었습니다.

 마음에 두고 생각하기

우리가 고난을 받는 것보다 더 괴로운 일은 하나님의 음성을 들을 수도, 깨달을 수도 없게 되는 일입니다. 고난 중에라도 늘 하나님의 말씀을 사모하는 심령이 되고, 또 그 심령에 하나님께서 말씀을 보내 주신다면, 분명 그 고난은 우리를 더 영광스러운 자리로 인도할 것입니다. 평탄할 때나 고난을 받을 때나 늘 가까이 해야 할 진리의 말씀을 얼마나 그리워하고 있습니까? 얼마나 사랑하고 있습니까?

나그네 길에서 부르는 노래

"나의 나그네 된 집에서 주의 율례가 나의 노래가 되었나이다
여호와여 내가 밤에 주의 이름을 기억하고 주의 법을 지켰나이다"(시 119:54-55).

시편 119편의 저자, 다윗은 한 나라의 왕이었고 수많은 전쟁에서 승리의 개가를 울린 이름 난 장수였으며 뛰어난 행정가, 아름다운 시를 많이 지은 시인이었습니다. 그리고 이 모든 것보다 뛰어난 것은 착한 그의 인격입니다. 하나님을 사랑하는 착한 인격은, 그의 온 생애를 통해 하나님의 율법을 지키며 율법대로 살기 위해 자신을 복종시키는 순종의 실천으로 나타났습니다.

다윗은 이 땅에서 누릴 수 있는 모든 부귀 영화를 경험한 사람이었습니다. 그러나 그는 눈에 보이는 안락함에 결코 안주하지 않았습니다. 그래서 이 땅의 삶이 나그네의 삶이라고 자처하였습니다.

본문의 "나그네 된 집"이란 표현은 히브리 성경에서는 '나의 우거의 집에서' 즉, '나그네가 잠시 머무는 주막이나 여인숙 같은 곳에서' 라는 의미입니다. "율례"는 히브리 성경에서는 복수형으로써 "율례들"입니다. "율례들" חֻקִּים이란, 율법의 요구를 이루기 위한 구체적인 하나님의 명령들을 가리킵니다. 생활 속에서 지켜야 할 법은 물론 제사를 드리는 법, 기타 다른 의식의 법들을 모두 포함합

니다. 율례는 또 다른 표현으로 계명이라고도 합니다. 본문의 "노래" 역시 복수형인 "노래들"입니다.

이 말씀을 히브리 성경에 의거하여 해석하면 이러합니다. '나그네 인 내가 잠시 머무는 여인숙과 같은 곳에서 여호와 하나님의 모든 법 들이 노래들처럼 내 안에 살아서 끊임없이 흘러나옵니다.'

노래는 마음으로부터 우러나오는 것이니, 하나님의 율례들이 다윗의 마음까지 스며들어 있었다는 의미가 됩니다. 시인이 하나님의 말씀을 습득하는 방식은 이처럼 체험으로 말미암은 것이었습니다. 이 체험은 말씀에 대해 지적으로 동의할 뿐만 아니라 경험으로 깨닫는 것이니 곧 신자의 삶을 바꾸는 힘이 됩니다. '하나님이 인류를 그리고 나를 사랑하신다는 사실을 나는 인정한다.'고 지적인 동의를 하는 사람들의 삶은 변하지 않지만, 이러한 지식에 더하여 나와 하나님만의 비밀스러운 만남을 체험한 사람들의 삶은 그 사랑에 녹아 들어갑니다. 그 사랑에 이끌려 살아가게 되는 것입니다.

다윗에게는 노래처럼 마음속에 담긴 하나님의 말씀이 있었습니다. 전쟁을 하면서도, 나라를 다스리면서도, 기도하면서도 다윗의 깊은 속에서부터 흘러나오는 하나님의 말씀의 법이 있었습니다. 하나님의 말씀의 법이, 패역하고 배은 망덕한 사람들이 가득한 시대에서 올곧은 신앙을 가지고 순종하며 살 수 있었던 원천이 되었습니다.

여러분, 하나님의 말씀의 법을 여러분의 마음에 두십시오. 한 귀로 들어서 뒤돌아서면 잊혀지는 말씀, 은혜를 잠깐 받았으나 마음을 스치고 사라진 말씀으로는 여러분의 삶에 변화가 일어날 수 없습니다.

노래처럼 언제라도 마음에서 꺼내어 부를 수 있는 '말씀의 법'을 붙잡으십시오.

 마음에 두고 생각하기

여러분의 일상이 변하는 것이 없고 똑같다고 생각된다면, 그것은 늘 새롭게 말씀하시는 하나님 앞에 서지 않기 때문이 아닐까요? 마음으로부터 우러나와 노래로 지어 부르지 않을 수 없는 말씀이 있습니까? 그렇게 아름다운 말씀을 주시는 하나님과 늘 가까이 하고 있습니까?

영광 받으실 하나님의 이름

"나의 나그네 된 집에서 주의 율례가 나의 노래가 되었나이다
여호와여 내가 밤에 주의 이름을 기억하고 주의 법을 지켰나이다"(시 119:54-55).

이새의 여덟 번째 아들로 태어난 다윗은 양을 치는 목동이었습니다. 아버지의 인정이나 형제들의 사랑을 충분히 받지 못한 이름 없는 한 사람이었습니다. 사람들은 그를 주목하지 않았지만 하나님의 눈빛은 그를 향하여 반짝였습니다. 그에게 성령의 충만한 능력을 부어 성령의 사람이 되게 하셨습니다. 다시 올 그리스도의 왕국을 예표하는 인물로 삼으셨습니다. 그리고 그에게 기름을 부어 한 민족의 왕으로 세우셨습니다. 이처럼 놀라운 은혜를 받은 다윗이 일평생 하나님과 동행할 수 있었던 이유가 무엇이라고 말합니까? "……내가 밤에 주의 이름을 기억하고 주의 법을 지켰나이다"시 119:55下.

다윗이 주의 법을 지켜 순종하였던 동기는 "밤에 주의 이름을 기억하였기" 때문이었습니다. "밤"이란 히브리 성경에서 정관사가 붙은 특정한 "그 밤"을 의미합니다. 그렇다면 다윗은 어떤 밤에 주의 이름을 기억하였던 것일까요? 나그네 된 집에서 사는 인생의 날, 고난과 시련, 근심과 걱정이 있는 어두운 인생의 밤중에 그는 하나님

의 이름을 기억하였습니다. 대적자들에게 쫓겨 도망을 다니는 인생의 어두운 밤중, 자신의 죄로 인해 깊이 통회하며 가슴 아파했던 어두운 그 밤중에 다윗은 하나님의 이름을 기억했습니다.

하나님의 이름은 하나님 자신과 동일시됩니다. 하나님의 이름을 사랑하는 사람은 곧 하나님을 사랑하는 사람입니다. 그분을 위해서 사는 사람은 곧 그분의 이름을 위해서 사는 사람입니다. 이러한 이름 신앙에 근거하여 성경에 나타나는 하나님의 백성들은 하나같이 고백합니다. '우리가 주의 이름을 의지하여 이기리니', '주의 이름을 의지하여 싸우리니.'

구약의 많은 선지자들이 핍박과 고난 앞에서 목숨을 버리면서까지 하나님의 말씀을 위해 충성을 다했습니다. 그분의 이름을 위해서 그들은 그렇게 살았고 그것은 곧 주님 자신을 위한 것이었습니다. 하나님께서는 하늘에 계시지만 이 땅에 당신의 이름을 두셨습니다. 그리하여 우리는 감히 하나님을 높이거나 깎아 내릴 수 없으나, 하나님의 이름은 우리의 행실을 따라 존귀하게 되거나 실추될 수도 있습니다.

하나님의 백성의 가장 중요한 사명은 주님의 이름을 높이면서 사는 데 있습니다. 주님의 이름을 높이는 것은 바로 하나님께 영광을 돌리는 것을 말합니다. 따라서 하나님께 영광을 돌리는 삶을 사는 모든 사람들은 이 땅에서 주님의 이름이 업신여김 받는 것을 마음 아파합니다. '하나님의 특별한 사랑을 받아 주의 자녀가 되었고 언약 백성이 되었는데 어찌 하나님의 말씀에 불순종하여 하나님의 이름을 더럽히겠는가!' 하고 겸비한 자세를 지니게 되는 것입니다.

하나님의 이름이 존귀히 여김 받고 높아지기를 바라십니까? 그분의 이름을 품고 말씀대로 순종하며 사는 길로 가십시오. 핍박과 환난이 임할 때 가슴에 품은 그분의 이름에 의지하여 달려가십시오. 시인이 캄캄한 인생의 밤중에 하나님의 이름을 기억했듯, 우리의 가슴에 품은 하나님의 이름은 영원히 꺼지지 않을 희망의 등불이 되어 줄 것입니다.

 마음에 두고 생각하기

여러분은 하나님의 이름이 높임을 받는 일에 얼마나 관심이 있습니까? 그분의 이름이 욕을 당할 때, 어떤 반응을 보이십니까? 하나님의 이름의 영광은 곧 하나님의 영광입니다. 그분께 영광 돌리는 일에 특별한 관심을 보이지 않는다면 여러분이 진정 하나님의 자녀가 맞는지 묻고 싶습니다.

당신의 이름을 위하여

"나의 나그네 된 집에서 주의 율례가 나의 노래가 되었나이다
여호와여 내가 밤에 주의 이름을 기억하고 주의 법을 지켰나이다" (시 119:54-55).

다윗은 인생의 어두울 때에 주의 선하신 이름을 기억하였습니다. 그래서 하나님의 말씀의 법을 지킬 수 있었습니다. 그런데 우리는 우리가 하나님을 잘 믿고 착하게 신앙생활 하지 못하는 것을 환경의 탓으로 돌리곤 합니다. 그렇다면 한번 생각해 볼까요? 하나님께서 어떤 환경을 주셔야 우리가 지금보다 더 탁월하고 순도 높게 신앙생활을 할 수 있을까요?

그러나 경험상 우리의 육신이 편하고 안락해질수록 우리의 마음이 하나님으로부터 멀어질 확률은 100%에 가깝습니다. 결국, 우리의 신앙생활을 좌지우지하는 것은 환경에 달린 것이 아니라 우리의 마음에 있기 때문입니다.

다윗을 보십시오. 그가 하나님의 이름을 기억하고 그분의 이름과 명예를 위해 하나님께 순종하며 살았던 때는 밝고 화창한 봄날이 아니었습니다. 환한 대낮도 아니었습니다. 북풍한설이 몰아치는 것 같은 고난을 겪는 밤중이었습니다. 아무것도 보이지 않고 분별할 수 없는 흑암 속, 인생의 시련의 밤에 그는 하나님의 이름을

붙들었습니다. 하나님이 자신에게 베풀어 준 놀라운 구원의 은혜, 하나님의 특별한 인도하심과 사랑, 이제껏까지 공급해 주신 분에 넘치는 은혜로 인해 하나님의 이름을 기억하였습니다. 그것이 동기가 되어 하나님께 순종하는 삶을 살았습니다.

여러분은 행복에 관심을 갖는 만큼 주님의 명예에 대해 관심을 가지고 계십니까? 하나님의 이름이 영광 받으시기는커녕 땅에 떨어져 짓밟히는 모습을 목도할 때, 여러분 안에서 깊은 슬픔이 솟아나십니까? 사람들의 무지와 죄악, 탐욕 때문에 더럽혀지는 하나님의 이름을 볼 때 거룩한 분노가 여러분 안에 일고 있는지를 묻는 것입니다.

다윗은 이렇게 말하였습니다. "저희가 주의 법을 지키지 아니하므로 내 눈물이 시냇물 같이 흐르나이다"시 119:136. 모든 사람들이 주님이 창조하신 세상에서 주의 이름을 더럽히건만, 어린아이와 같은 다윗은 주의 율법대로 살지 않는 이 땅의 많은 백성들을 보면서 애통하며 눈물을 흘렸습니다. '주여, 망가진 이 세상을 하나님이 고쳐 주셔서 이 땅의 모든 사람들이 죄에서 돌이켜 빛 가운데 살며 주님의 이름을 찬송할 수 있게 하소서.' 다윗의 눈물과 애통한 기도를 받으시는 하나님의 마음은 얼마나 흡족하셨을까요? 다윗이 얼마나 사랑스러우셨을까요? 이런 눈물과 기도가 다윗에게 늘 있었던 것은 하나님의 이름을 기억하였기 때문이었습니다.

여러분, 불의한 세상에 대해 칼을 휘두르고 그들에게 임할 심판을 예고하는 일은 쉽습니다. 그러나 죄와 벗하며 죄인인 줄도 모르고 사는 그들을 긍휼히 여기는 일은 우리가 하나님의 마음을 헤아리고, 그분의 마음을 품을 때에야 가능합니다. 우리는 겉껍데기만 신자이고 싶지 않습니다. 속 알맹이까지 하나님으로 꽉 찬 사람이 되고 싶습니다. 이왕 그리스도인으로 사는 바에야 이것도 아니고 저것도 아닌 채로 사는 것에는 아무 의미가 없지 않겠습니까? 하나님의 마음으로, 하나님의 이름을 위하여 우리가 살고자 할 때, 우리는 세상 사람들을 긍휼히 여기며 그들을 대신하여 하나님께 간구할 수 있습니다. '주님, 망가진 이 세상을 고치셔서 무지한 저들이 하나님께로 돌아오고, 저들이 하나님의 이름에 영광을 돌리게 하소서.' 이런 의분과 하나님의 영광에 대한 갈망을 품고 늘 깨어 기도하십시오. 하나님께 영광 돌리는 삶이 신자의 가장 큰 의무이자 기쁨인 것을 기억하십시오.

 마음에 두고 생각하기

우리는 종종 '주께서 홀로 영광 받으소서.' 하고 기도합니다. 그러나 현실 속에서 하나님의 영광의 발현이나, 하나님의 명예가 존중되는 일에는 관심조차 두고 있지 않은 것은 아닌지……. 하나님의 영광이 실추되는 것을 목격할 때, 여러분 속에서부터 거룩한 분노와 슬픔이 생겨 나십니까?

말씀이 뿌려졌으나

"나의 나그네 된 집에서 주의 율례가 나의 노래가 되었나이다
여호와여 내가 밤에 주의 이름을 기억하고 주의 법을 지켰나이다"(시 119:54-55).

예수님께서 비유로 들려주신 말씀 중에 땅에 떨어진 씨앗 비유가 있습니다. 땅에 떨어진 씨앗은 순수한 하나님의 말씀을 가리킵니다. 땅에 떨어진 씨는 새가 와서 쪼아 먹기도 하고 바람이 불어서 날아가기도 합니다. 그러면 그 땅에는 어떤 변화도 일어나지 않습니다. 그러나 옥토에 떨어진 씨는 땅과 화합하여 30배, 60배, 100배의 결실을 맺게 됩니다.

돌작밭에도 씨앗이 뿌려집니다. 그 땅은 잠시 동안 씨를 받아 주어서 뿌리를 내렸습니다. 그러나 땅 속에 겹겹이 쌓인 돌들 때문에 뿌리를 내리지 못하여 말라 버리고 말았습니다.

가시떨기 속에도 씨앗이 떨어졌습니다. 뿌리를 내리고 양분을 먹으면서 줄기를 뻗어 갔습니다. 그런데 가시에 짓눌려서 줄기가 자라지 못하고 잎사귀가 자라지 못하였습니다. 결국 잎사귀도 마르고 뿌리도 말라 버렸습니다.

하나님의 말씀을 많이 들었고 많이 깨달았다고 자부하는 우리의 신앙생활의 모습이 이러하지 않을까요? 하나님의 말씀이 깊이 뿌

리 내리지 못한 우리 마음 밭에는 잡다한 돌멩이와 가시만 가득하지는 않습니까? 그런 마음 밭에서는 말씀이 머물지 못합니다. 말씀이 뿌리 내려 자라나지 못합니다.

거룩하고 엄위한 하나님의 말씀이 선포되어도 말씀을 단지 귀로 들으며 즐기는 사람들이 있습니다. 복음의 기쁜 메시지가 선포되어도 그것을 즐거워하지 않는 사람들이 있습니다. 엄중한 심판의 경고 앞에서 아무런 마음의 움직임도 없이 단지 '검은 것은 글자요, 흰 것은 종이로구나.' 하고 책장을 넘기는 사람들이 있습니다. 말씀이 마음에 심겨져야 순종하는 삶으로 열매를 맺을 텐데, 주님이 많은 말씀을 보내 주셔도 말씀에 화합하는 삶의 열매가 없으니…… 이런 사람들에게서는 하나님께서 창조주로서의 보람을 찾기 힘드시지 않을까 염려가 됩니다.

예수님의 생애를 생각해 보십시오. 머리 둘 곳 없는 생애를 사셨던 그분이 이 세상에서 누리셨던 가장 큰 위로는 하나님의 말씀을 생각하는 것이었습니다. 주님이 남기신 말씀 중에 상당수의 많은 부분은 성경에서 인용하신 것으로서 '기록된 바', '기록되기를', '모세에게 말씀하시기를' 하고 시작합니다. 이것은 다시 말해, 예수님의 마음에 늘 하나님의 말씀이 살아 있었다는 의미가 됩니다.

여러분, 우리는 폭풍과 같은 고난의 때에 주님의 말씀을 붙들고 헤쳐 나왔습니다. 유혹이 가득하고 핍박이 있을 때에도 우리 마음에 있는 하나님의 말씀이 우리에게 하나님의 은혜를 전해 주었고, 그리하여 우리가 악한 세력의 공격을 받으나 아주 거꾸러지지 아니하고 오히려 그 고난 속에서 예수의 생명을 누리는 사람들이 되었던 것입니다.

우리는 하나님의 말씀을 마음에 두려고 노력하는 사람이 되어야 합니다. 마음속에 그 말씀이 불타 오를 때 힘 있는 기도, 능력 있는 기도가 쏟아져 나옵니다. 내 안에 살아 있는 말씀이 순종하며 사는 삶의 원천이 됩니다. 온전히 순종하고 싶다면, 그래서 여러분의 삶의 밭에 하나님이 기뻐하시는 열매들이 가득 맺히기를 원한다면, 말씀을 듣되 마음에 가득 채우며, 성심을 다해 사랑하십시오.

 마음에 두고 생각하기

여러분의 마음 밭은 어떤 상태입니까? 하나님께서는 부드럽고 비옥한 여러분의 마음 밭에 말씀의 씨가 심겨지고 뿌리를 내리고 줄기를 뻗어 풍성한 열매를 맺는 것을 보고 싶어 하십니다.

말씀에 갈급합니다

"나의 두려워하는 훼방을 내게서 떠나게 하소서 주의 규례는 선하심이니이다"(시 119:39).

시편 119편은 성경의 여러 장 중에서도, 하나님의 말씀의 영광이 드러나는 장으로 손꼽힙니다. 시편 119편은 다윗이 겪은 온갖 즐거움과 고난을 담고 있습니다. 또한, 하나님의 말씀이 다윗의 삶의 구간 구간을 어떻게 만지고 지나가셨는지, 그의 고난의 때에 하나님의 말씀이 어떻게 그를 지도하고 위로하였는지를 감동적인 시언어로 기술하고 있습니다.

본문의 말씀은 다윗이 하나님의 말씀을 얼마나 사모하는지, 또 말씀을 깨닫는 일에 얼마나 갈급한지를 잘 보여 줍니다. 다윗은 하나님의 말씀을 부지런히 탐구하고 깨닫고 싶어 하나, 여러 가지 한계로 인해서 주의 말씀을 깨달을 수 없는 처지였습니다. 그래서 하나님 앞에 부복하는 마음으로 엎드리고 있는 것입니다. 순종하는 삶의 열매를 하나님께 드리고 싶으나 말씀에 대한 깨달음이 부족하기 때문에, 그는 끊임없이 주의 말씀을 탐구하고자 하였고 주의 계명을 깨닫고자 애썼습니다.

지금 우리에게는 손만 뻗으면 닿을 수 있는 거리에 우리를 순종의 삶으로 인도해 줄 하나님의 말씀이 있습니다. 성경은 물론 훌륭한 서적과 말씀 설교들이 있습니다. 문제는 우리가 하나님의 말씀을 탐구하려고 하지 않으며, 말씀을 깨달으려고도 하지 않는 불순종의 길에 있다는 것입니다. 진리를 깨닫는 일에 마음을 쓰려 하거나 시간을 투자하려 하거나 열심을 내려 하지 않습니다. 대신에 이 세상에 있는 것들, 잠시 있다가 사라질 것들에 대한 관심으로 생각을 채우고 마음을 내어 줍니다. 하나님의 자녀로서의 삶이, 세상 사람의 삶과 다를 바가 없는 것으로 드러난다면 하나님의 마음은 얼마나 아프실까요? 잠시만, 머릿속에 가득 들어 찬 생각들을 내려 놓고 하나님의 마음을 헤아리는 시간을 가져 보십시오. 우리는 하나님의 자녀이지만 '구원받은 죄인'이라는 정체성을 잃어서는 안 될 것입니다.

하나님과 우리 사이에 맺은 언약 관계의 틀 안에서 하나님이 우리에게 주신 명령과 모든 계명에 따르는 것이 바로 순종입니다. 그러나 언약 관계 속에서 우리에게 주어진 의무를 저버리거나 불순종하는 것은, 우리가 누릴 수 있는 특권을 발로 차 버리는 것과 다름없습니다. 왜냐하면 그 언약 관계 속에는 하나님과 친밀한 교제를 나누는 길이 있기 때문입니다. 하나님의 사랑을 받는 삶을 사는 이 놀라운 특권을 스스로 포기하시겠습니까? 그리스도인이라는 이름만 가지고 무엇에 쓰겠습니까? 하나님께서 그와 함께 하지 않으시고, 그 역시 하나님을 찾지 않는다면, 그리스도인이라는 이름은 부도 난 어음에 지나지 않을 것입니다.

여러분, 다윗과 같이 하나님의 말씀을 깨달을 뿐만 아니라 깨달은 바 말씀대로 순종하고자 하는 열망을 품으십시오. '하나님, 제가 깨달기를 원합니다. 지금보다 훨씬 더 나은 삶을 살아서 주님이 저를 이 세상에 창조하신 목적에 기여하고, 그리스도의 십자가의 피로 나를 구속하신 그 사랑에 보답하는 삶을 살고 싶습니다. 주님, 도와주십시오.'
이 기도가 여러분의 마음에서 우러나오는 갈급한 기도가 되기를 소망합니다.

 마음에 두고 생각하기

하나님의 말씀을 듣고 또 의미를 깨달을 수 있다는 것은 참으로 황송한 은혜입니다. 하나님을 향한 사랑은 말씀을 향한 사랑으로 나타납니다. 하나님의 말씀을 알고 그 뜻을 깨우치기에 갈급한 심령을 잃지 마십시오.

하나님의 은혜를 갈망합니다

"나의 두려워하는 훼방을 내게서 떠나게 하소서 주의 규례는 선하심이니이다"(시 119:39).

예전에, 교회의 한 청년이 이렇게 이야기한 적이 있었습니다. 그 청년은 유년 시절부터 오랫동안 신앙생활을 해 오다가, 은혜가 고갈되어 심적으로 방황을 하였던 모양이었습니다. 그는 오랜 기도와 고민 끝에 여러 교회를 찾아다니던 중, 우리 교회까지 오게 되었습니다. 그런데 교회의 마당을 밟는 순간 눈물이 왈칵 쏟아졌다고 합니다. 그 누군가를 만난 것도 아니고, 직전에 무슨 일이 있었던 것도 아닌데 그렇게 마음이 가난해지면서 목 놓아 울고 싶어졌다는 것입니다. 이것은 은혜에 대한 갈급함 때문이며 한편으로는 하나님의 품을 찾아 헤매다가 마침내 돌아와 안겼을 때의 안도감이 아니겠습니까?

다윗은 하나님의 말씀을 사모하는 사람이었고, 주님이 계시해 주시는 말씀에 순종하려는 열망이 있었습니다. 우리가 볼 때, 이런 다윗의 앞길에 하나님께서는 늘 탄탄 대로를 예비해 놓으셔야 마땅합니다. 그런데 사실은 그렇지 않았습니다. 그의 앞에 "나의 두려워하는 훼방이라" 부를 만한 역경을 만난 것입니다. 하나님께서는 당신의 사랑하는 자녀들이 말씀을 갈망하고 주님께만 순종하며 살려 할 때, 그들을 매우 기뻐하시고 그들에게 당신의 사랑을 보여 주십니다. 그러나 그들이 막힘 없이 뚫린 고속도로와 같은 길을 가게 하시지 않습니다. 오히려 하나님께서는 자기 소욕대로 세상과 벗하여 쾌락을 추구하는 사람들의 인생길을 고속도로와 같이 시원한 대로가 되도록 내버려 두십니다. 그들을 내버려 두시는 그것이 하나님의 진노의 표현입니다. "또한 저희가 마음에 하나님 두기를 싫어하매 하나님께서 저희를 그 상실한 마음대로 내어 버려 두사 합당치 못한 일을 하게 하셨으니"롬 1:28. 그들이 달리는 그 길의 끝에는 하나님의 엄위하신 심판이 반드시 기다리고 있습니다.

믿음을 따라 순종하는 삶을 살려 했던 경건한 사람들은 끊임없이 이 세상에서 고난을 당하고 시련을 당하였습니다. 인생이 나그네 길이요 자신들은 순례자라는 사실을 터득할 수 있었던 이유도 이 세상이 그들을 이 세상에 있는 사람처럼 대해 주지 않았기 때문입니다. 구별된 삶을 살기 위해 분투하고 애쓰는 만큼 훼방거리를 만났고 큰 장애 앞에서 고통을 받았습니다. 그 속에서 다윗은 그와 같은 상황에 있는 신자들과 함께 인간이 얼마나 연약한지를 깨닫게 되었습니다.

인간의 부패한 성품은 끝이 없고 인간이 가지고 있는 내면의 악은 이루 헤아릴 수 없이 깊습니다. 그래서 하나님께서 우리에게 하나님의 말씀을 깨닫게 해주시고 우리는 깨달은 말씀대로 순종하려 애쓸 때, 우리에게 형통한 길을 주셔서 우리가 하나님께 영광 돌리며 사는 삶으로 달음질할 것 같지만, 이것은 우리의 이상일 뿐입니다. 우리에게 놓인 상황이 형통한 것 같고 탄탄 대로 같을 때 오히려 우리들은 마음이 부요해지고 교만하여져서, 하나님과는 반대 방향으로 치닫기 쉬운 존재들이기 때문입니다. 모든 것이 부족함이 없고 잘 되어 간다고 믿을 때 영혼은 은밀히 하나님을 향한 싫증에 빠지며, 육체의 욕심들은 다시 번성하여 순식간에 우리를 점령합니다. 인간은 이처럼 연약합니다. 환경과 더불어 싸울 때에도 연약하지만, 자신 안에 부패한 본성을 누르는 데 있어서는 더더욱 힘이 없는 연약한 존재이기 때문에 하나님께서는 지속적으로 우리의 연약함을 일깨우심으로서 우리로 하여금 그분을 붙들고 의지하게 하십니다.

그런 연유로 하나님께서는 우리로 하여금 한계에 부딪히게 만드십니다. 인간 존재가 얼마나 연약한지, 그래서 자기의 능력을 의지하지 아니하고 주님의 능력을 의지할 수밖에 없다는 것을 깨닫게 하십니다.

여러분, 인간은 스스로의 힘으로는 순종할 수 없습니다. 순종하며 살고자 하는 자를 도우시는 하나님의 은혜를 더욱 갈망하는 것 외에 다른 순종의 길이 없습니다. 갈급한 심령으로 구하는 자를 하나님은 돌아 보실 것입니다.

 마음에 두고 생각하기

우리의 연약함에 대해 감사해 본 적이 있으십니까? 우리는 다 연약하여서 날마다 주를 찾지 않을 수 없고, 하는 일마다 주를 의지하지 않을 수 없습니다. '하나님 없이 더 잘 살 수 있다.'고 유혹하는 세상, 그리고 하나님을 의지하지 않으려는 우리의 부패한 본성과 싸우면서, 우리에게 기대하시는 하나님의 뜻을 이루어 갔으면 좋겠습니다. 하나님을 의뢰하는 자에게 하나님께서는 크신 은혜를 예비하십니다.

주의 규례의 선하심을 믿습니다

"나의 두려워하는 훼방을 내게서 떠나게 하소서 주의 규례는 선하심이니이다"(시 119:39).

몇 년 전에 중국에 갈 기회가 있었습니다. 그곳에서 인상적으로 보았던 한 가지가 신당神堂이었습니다. 천자를 자처하는 중국의 황제들이 하늘 아버지께 제사를 지냈던 곳입니다. 신당의 규모는 어마어마하게 크고, 신당을 받치고 있는 몇 십 개의 기둥 역시 거대하였습니다. 가까이 가서 기둥을 자세히 살펴보았습니다. 그랬더니 기둥 하나 하나가 나무 한 그루였습니다.

안내자의 설명을 들으니 기둥으로 쓸 나무를 먼 곳에서부터 베어서 운반해 온 것인데 하나의 나무를 가져오기 위해 약 1,000명의 사람들이 동원되어 떠난다고 합니다. 나무를 베고 운반해 오는 데 6개월이 소요되고, 작업을 마치고 살아 돌아오는 사람의 수는 절반으로 줄어, 500명밖에 안 되었다고 합니다. 나무를 자르다가 다쳐서 죽거나, 나무가 쓰러질 때 깔려서 죽거나, 나뭇가지에 맞아 죽거나, 폭우에 휩쓸려 가기도 하고, 전염병에 걸려서 죽으니 마침내 나무가 기둥으로 세워질 때쯤 되면 인부들의 수는 절반으로 줄어들어 있게 된 것이지요. 그 신당은 무수한 사람들의 생명을 터로 삼아 세워진 것입니다.

그 신당을 지은 사람들에게 '선함'의 기준은 무엇일까요? 오직 신당에 쓰일 목재를 구하고 공사를 마치는 일에 어떤 모양으로든지 기여하는 것이 그들에게 있어서 '선함'이었습니다. 사람이 죽어 나가고, 동료의 시체를 밟고 지나가야 하는 끔찍한 일을 당해도 신당만 완공될 수 있다면 아무래도 괜찮았습니다. 인간의 욕망이 추구하는 선함을 이루기 위해서는 고상한 방법이 통하지 않습니다. 온갖 강포가 자행되어야만 그 목표가 성취될 수 있습니다. 하지만 하나님의 선하심을 이루는 방법은 그것과 다릅니다. 하나님은 우리의 인격을 통해 우리를 말씀으로 승복하셔서 우리를 향하신 하나님의 선하신 목표를 이루십니다.

하나님의 선은 하나님께서 이 세상을 창조하실 때 주님이 가지셨던 그 의도에 부합하는 상태를 말합니다. 인간은 그 안에서만 행복할 수 있도록 창조되었습니다. 세상의 피조물, 특히 하나님의 형상을 닮아 창조된 인간이 그런 선한 상태로 돌아갈 때 하나님께 영광이 될 뿐만 아니라, 인간에게도 참 행복이 있습니다.

그리고 하나님의 선한 목적을 이루기 위해서 당신의 백성들이 지키며 살아야 할 구체적인 계명도 함께 주셨습니다. 다윗은 그 계명이 선하다는 사실을 믿었습니다. 다윗이 그의 앞에 훼방거리를 만난 이유가 무엇입니까? 왜 이렇게 고통을 받고 있습니까? 자기를 핍박하고 고통을 주는 수많은 원수들에게 에워 싸여 외로움 속에 하나님께 호소하는 것은 무엇 때문입니까? 그가 하나님의 계명을 지키며 살려 했기 때문이 아닙니까? 하나님의 말씀을 버리고 세상과 타협하였더라면 그가 이같은 고난을 당하였을까요? 그럼에도 불구하고 다윗은 그 계명이 선하다는 사실을 굳게 믿었습니다.

그리고 기도했을 때 그는 자신의 영혼을 소생시키는 기도의 능력을 경험하였습니다. 만일 그가 그의 순종하는 삶을 가로막는 난관 앞에서 무릎을 꿇고 좌절하였다면 그의 영혼은 깊은 침체에 빠졌을 것이며 그는 불순종의 사람이 되었을 것입니다. 믿음의 사람으로 출발하였으나, 패배한 사람으로 종지부를 찍었을 것입니다.

다윗과 같이 하나님의 모든 계명에 순종하려는 신자도 고난과 어려움을 당합니다. 그때에 우리 자신의 힘을 의지하지 말고 하나님을 의지하여 기도함으로써 우리의 영혼을 쇄신시키는 기회로 삼으십시오. 순종하는 자에게 하나님은 때때로 난관을 주셔서 그가 과연 하나님의 자녀로서 합당한 모습인지 가늠해 보십니다.

결론적으로, 하나님의 계명의 선하심을 신뢰하며 기도할 때, 하나님은 기도라는 통로를 통해 하늘의 신령한 은혜를 아낌없이 부어 주십니다. 고난에 맞서 승리하도록 영혼에 강한 힘을 불어 넣어 주셔서, 다시금 순종의 삶을 살아가게 하십니다. 그 증인이 바로 다윗이며, 믿음의 허다한 무리들, 그리고 우리들입니다.

 마음에 두고 생각하기

우리의 짧은 안목으로는 하나님의 뜻을 알 수 없을 때가 많습니다. 때로는 주의 규례를 이해할 수 없고, 주의 정하신 때가 너무 늦은 것 같고, 주의 일하시는 바가 우리 보기에 너무 가혹한 것같이 느껴지기도 합니다. 그러나 주님은 항상 선하신 분이심을 믿읍시다. 나 보기에 좋은 바가 선이 아니라, 주님 보시기에 좋으신 바가 선입니다.

obedience
by grace

- 아사의 온전함
- 온전함을 보이라
- 살렘의 마음
- 외로운 투쟁 1
- 외로운 투쟁 2
- 아버지를 대신한 헌신
- 하나님의 명령에 대한 우리의 생각
- 하나님의 큰 일을 감당할 자
- 헌신할 결단을 내릴 때

아사의 순종

아사의 온전함

"그러나 아사의 마음이 일평생 여호와 앞에 온전하였으며"(왕상 15:14下).

하나님의 마음에 합당했던 사람 다윗 이후로는 하나님께서 기뻐하시는 인물을 성경에서 쉽게 찾기 어렵습니다. 다윗의 뒤를 이어 왕이 된 솔로몬은 처음에는 하나님의 신에 크게 감동되어 하나님의 축복을 많이 받았습니다. 그런데 노년에는 교만해져서 하나님의 지혜를 구하기보다 자신의 지혜에 의존하였으며, 이방의 여인들을 왕비로 맞아들여 이스라엘 백성들이 우상을 섬길 길을 열었습니다. 솔로몬의 죄로 인해 이스라엘에는 남북 분단의 시대가 도래하였습니다왕상 11-12장.

솔로몬의 뒤를 이어 여로보암과 르호보암으로 이어지는 남 유다와 북 이스라엘의 역사는 그야말로 어두움 그 자체였습니다. 두 나라는 서로 경쟁이라도 하듯 하나님 앞에서 악을 행하기를 서슴지 않았습니다. 이와 같은 암울한 시대에 샛별처럼 빛나는 왕이 등장하는데 그가 바로 유다의 아사입니다.

아사의 아버지는 '아비야' 혹은 '아비얌'으로 불렸던 유다의 왕입니다. 선왕은 경건한 신앙과 부패한 죄악을 함께 가진 왕이었다고 여겨지는데, 왜냐하면 성경의 어떤 기록에는 그가 대단히 경건한 사람으로 나오는가 하면 또 어떤 기록에는 교만하여 하나님을 등지는 사람으로 나오기 때문입니다. 아사는 아버지의 행적과는 비할 데 없이 '일평생' 신앙을 지킨 사람이었습니다. 아사는 선대의 왕들처럼 넓은 영토를 다스리거나, 전쟁에서 승리만을 거두었던 왕은 아니었으나 그가 유다와 북 이스라엘에 끼친 영적인 영향력은 굉장한 것이었습니다.

성경은 아사의 마음이 온전하였다고 말합니다. "그러나 아사의 마음이 일평생 여호와 앞에 온전하였으며"왕상 15:14下. 본문의 "그러나"는 '라크'רַק인데 '오직, 확실히'라는 의미를 갖습니다. 그리고 '온전하다'는 히브리어로 '샬렘'שָׁלֵם입니다.

그러면 온전하다는 것은 무슨 뜻일까요? 이스라엘에서는 빵을 구울 때 커다란 한 덩어리로 굽습니다. 이때 빵을 반으로 나누지 않은 완전한 한 덩어리를 샬렘이라고 부릅니다. 이는 '샬롬'peace과 어근이 같습니다. 즉 주인이 빵을 처음 만들었던 그대로의 상태를 온전하다고 불렀던 것입니다. 어느 한쪽이 부서지거나 찢어지거나 무엇이 묻어서 더럽혀지지 않은 상태, 그것이 샬렘입니다.

그리고 성경은 아사가 일평생 여호와 앞에 온전하였다고 증거합니다. 히브리 성경에서 다시 풀어 보면 이 말은, '오직 그의 마음이 일평생 여호와와 함께 온전하였더라.'는 의미가 됩니다. 즉 아사의 마음이 하나님이 보시기에 불결하다거나 다른 것에 마음을 빼앗겨 나뉘어 있다거나 삶의 어느 면에서는 망가진 채로 남아 있지 않았고, 하나님 앞에서 순전하였다는 말입니다.

여러분, 구원받은 신자에게 거는 하나님의 바람이 있습니다. 하나님께서는 구원받은 우리들이 하나님이 원하시는 존재로 변화되어, 하나님 보시기에 온전한 사람이 되는 것을 기대하십니다. 우리의 마음이 하나님께만 온전한 상태를 유지하고 있는지, 혹은 삶의 어느 한쪽에서는 불순종하면서 교묘히 속이는 말로 포장하고 있지 않은지 정직하게 돌아보는 시간을 마련하였으면 좋겠습니다. 그리하여 진실로 마음의 온전함을 지켜 하나님이 기뻐하시는 자로 오늘 하루를 살아가기를 소망합니다.

 마음에 두고 생각하기

여러분의 경건함은 온전하십니까? 경건함으로 시작하였으나 끝은 흐릿한 아비야처럼, 혹은 경건의 겉모양만을 갖췄던 신약시대의 바리새인들처럼 되지 않도록 주의하십시오.

온전함을 보이라

"그러나 아사의 마음이 일평생 여호와 앞에 온전하였으며"(왕상 15:14下).

아사는 하나님 앞에 온전한 사람으로 인정을 받았습니다. 그리고 온전한 마음에서 우러나온 순종의 삶은 하나님을 향한 마음을 드러내 보여 주는 아주 훌륭한 도구가 되었습니다.

창세기 22장에는 아브라함이 아들 이삭을 하나님께 제물로 바치는 장면이 나옵니다. 모리아 산에서 아브라함이 이삭을 하나님께 바치려고 막 준비를 마쳤을 때 하나님은 그에게 말씀하셨습니다. "사자가 가라사대 그 아이에게 네 손을 대지 말라 아무 일도 그에게 하지 말라 네가 네 아들 네 독자라도 내게 아끼지 아니하였으니 내가 이제야 네가 하나님을 경외하는 줄을 아노라"창 22:12.

하나님은 전지전능하시기에 우리의 마음을 다 아시는 분이십니다. 그런데 아브라함이 아들을 주님께 바치려는 행위를 보고서야 그에게 경외심이 있는 줄을 알게 되었다고 말씀하십니다. 우리가 배우고 아는 바로는 하나님께서는 우리의 숨겨진 마음만이 아니라 우리의 머리털 하나까지 세시는 분인데 말입니다.

그런데 "이제야 네가 하나님을 경외하는 줄을 아노라"는 말은 지식적인 앎이 아니라, 경험적인 앎을 가리킵니다. 즉, '네가 나를 위하는 것을 내가 이제야 경험한다.'는 의미입니다. 하나님께서 아브라함을 시험하신 이 사건은 하나님께서 아브라함을 위해서 준비하신 시험입니다. 하나님께서는 아브라함이 당신의 명령에 순종하여 아들을 제물로 바치실 것을 이미 아셨습니다. 그가 밤새 번민하며 괴로워 밤을 지샜다고 해도 아침 일찍 이삭을 데리고서 제물을 드릴 제단이 있는 모리아 산으로 떠날 것을 아셨습니다. 아브라함이 양을 잡아 제물로 드리는 그 방식대로 아들을 주님께 드릴 것도 아셨습니다. 아브라함이 확신할 수 없는 일도 하나님은 확신하셨던 것입니다.

이제 막 모든 준비를 마친 아브라함이 가진 믿음은 이것이었습니다. '하나님께서 주신 귀한 아들이지만, 오늘 아들의 생명을 달라고 하신다. 그런데 주님은 내게 민족을 주시겠다고 약속하셨고, 인간적으로 아들을 얻기에 불가능한 때에 이 아들을 주셨으니, 그를 하나님의 방법으로 다시 살리시리라.' 비록 그는 죽었던 사람이 다시 사는 것을 경험해 본 적은 없지만 하나님을 신뢰하였습니다. 그가 하나님의 명령에 순종함으로 마음이 온전히 하나님께 향해 있음을 드러내자, 하나님은 그 믿음을 기쁘게 받으셨습니다.

하나님은 이 사건을 통해 아브라함의 속에 있던 하나님을 향한 경외함, 하나님만을 의존하는 순전한 신앙들을 다듬으셨던 것입니다. 거룩한 하나님의 백성에게 조금이나마 남아 있던 찌꺼기와 더러운 것들을 제하시기 위해 던진 시험이었습니다.

아브라함이 제물로 준비되었던 양으로 하나님께 제사를 드리고 아들 이삭의 손을 잡고 돌아올 때, 무슨 생각을 하였을까요? 산을 오를 때와 달리, 그의 심령에서는 부흥이 불 일듯 일어났을 것입니다. 이전에는 확신할 수 없었던 하나님을 향한 마음의 확정함을 경험하였을 것입니다. '내 목숨보다 사랑하는 아들이지만, 아들이 무엇이고 수많은 땅과 재물과 군대들이 무슨 소용인가. 이방인들과 싸워 얻은 승리가 대수일까. 모두 잠시면 사라질 것들이지만, 나의 영원하신 기업은 오직 하나님이시로구나! 이제 남은 인생을 하나님만을 경외하며 하나님을 향한 사랑으로 나를 채우면서 살아가리라.'

아사의 순종 역시 하나님께 온전한 마음을 드러내었습니다. 여러분, 이제 오늘 하루를 시작하려 하십니까? 아니면 하루를 마감할 때입니까? 지난날을 돌아보며 여러분의 삶을 면밀히 점검하십시오. 하지만, 다가올 날을 하나님께 순종하며 살기 위해 어떻게 해야 할까 생각하는 일도 잊지 마십시오. 하나님께 온전한 마음을 올려 드려서 하나님께서 이를 흡족히 여겨 주시도록 기도하면서 말입니다.

 마음에 두고 생각하기

아버지의 손에 들려 있는 선물이 좋다고 해서, 선물을 주는 아버지보다 그 선물을 더 좋아하는 것은 자녀로서의 도리가 아닙니다. 하나님의 자녀인 우리의 시선도 하나님께서 주시는 선물이 아닌 하나님 자신에게 집중되어야 합니다. 아사의 마음이 하나님께 확정되었던 것처럼 말입니다.

살렘의 마음

"그러나 아사의 마음이 일평생 여호와 앞에 온전하였으며"(왕상 15:14下).

하나님께서 우리를 그리스도 예수의 피로 구속하셔서 하나님의 자녀로 만드시고 나서 우리에게 가장 기대하시는 바는 무엇일까요? 구원받고 하나님의 자녀가 된 사람들 중에 어떤 이는 세계의 선교 역사를 움직이는 위대한 선교사가 되었습니다. 어떤 이는 상상할 수도 없는 액수의 헌금을 선뜻 내놓기도 합니다.

그러나 구원받은 우리 모두의 인생길이 예전과 완전히 다른 삶으로 바뀌지는 않지요. 예전에 있던 그 삶의 자리에서 계속 살아가는 것입니다. 그렇다고 '하나님께서 우리를 하찮게 여기시는가?' 하고 생각하지는 마십시오. 여기에는 하나님께서 원하시는 뜻이 있기 때문입니다. 우리가 어떤 삶의 자리에 있든지 중요한 것은 바로 하나님 보시기에 온전한 사람이 되는 것입니다.

예수님께서는 산상수훈 중에 이렇게 당부하셨습니다. "그러므로 하늘에 계신 너희 아버지의 온전하심과 같이 너희도 온전하라" 마 5:48. 그리고 성경을 우리에게 주신 목적을 말씀하시면서 "이는 하나님의 사람으로 온전케 하며 모든 선한 일을 행하기에 온전케 하려 함이니라"딤후 3:17고 하셨습니다.

온전함이 드러나는 삶을 살기 위해서는 마음을 지켜야 합니다. 온전한 마음에서 온전한 삶이 나오고, 다시 그 온전한 삶은 마음으로 스며들어 더 온전한 마음이 되게 합니다. 여러분, 여러분은 하나님 앞에 섰을 때 여러분이 살았던 행적에 대해 그분의 칭찬을 듣고 싶다고 생각해 본 적 있으십니까? 많은 선행이나 희생에도 칭찬받을 만한 점이 분명히 있지만, 그 안에 하나님을 향한 사랑이 없으면, 하나님께 받은 사랑이 세상으로 흘러나가는 것이 아니라면, 그것은 단지 일로 시작해서 일로 끝나고 말 것입니다.

자신이 살았던 삶을 두고 하나님께로부터 상을 받기 위해서는 그 모든 삶의 동기가 하나님에 대한 진실한 사랑에 근거해야 합니다. 미가 선지자의 시대에 이스라엘 백성들은 죄악 가운데 살고 하나님의 율법에 명명백백하게 불순종하면서도 '하나님을 어떻게 하면 기쁘시게 할까?'를 생각했습니다. 그러고 나서 그들이 내린 결론은 이것이었습니다. '천천의 수양과 만만의 기름을 하나님께 바치는 거야! 하나님도 기뻐하시겠지.' 그러나 그렇지 않습니다. 하나님이 진정으로 원하시는 것은 마음이 담기지 않은 특별한 한번의 제사가 아니라 우리가 일상 속에서 순종하여 그분을 향한 마음을 온전히 지키는 것입니다.

하나님을 사랑하기 때문에 순종하게 되고, 또 그 순종을 통해 더 온전한 삶을 살 수 있습니다. 아사는 하나님을 사랑하였고 '일평생 온전히' 살았습니다. 그런데 그의 신앙이 처음부터 끝까지 한결같이 완전했다는 의미는 아닙니다. 그 역시 하나님께 불순종하였던 때가 있었던 불완전한 사람이었습니다. 그러나 하나님은 한 사람을 평가하실 때, 인생의 한 구간이 아니라 평생을 보고 점수를 매기십니다. 일평생, 시종일관 그를 지켜 왔던 마음이 무엇이었는지, 그가 과연 일평생 하나님을 사랑하고, 하나님을 중심에 두고 살아왔는지를 보시며 인생 전체에 대해 평가하십니다.

여러분, 실패한 처지에 놓여 있다고 해서 좌절할 필요는 없습니다. 말씀대로 잘 살고 있다고 해서 교만할 이유는 더더욱 없습니다. 선 사람이 넘어질 수 있고, 넘어진 사람이 다시 설 수 있기 때문입니다. 다만, 일평생 살렘의 마음, 온전히 순종하는 마음을 잃지 말아야 합니다.

 마음에 두고 생각하기

하나님 앞에 우리의 삶이 완전해질 수는 없어도 온전해지기를 원합니다. 작은 점들이 모여 선을 이루고 그 선이 모여 면이 되고, 면이 모여 입체가 되듯, 우리의 일상이 하나님을 향한 순종으로 점철되어 우리의 삶의 형태가 '순종'으로 드러났으면 좋겠습니다.

외로운 투쟁 1

"그러나 아사의 마음이 일평생 여호와 앞에 온전하였으며"(왕상 15:14下).

이스라엘의 역사 전체를 놓고, 큰 업적을 거둔 대로 순위를 매긴다고 하면 아사의 업적은 그리 필적할 만한 사항은 아닙니다. 그런데 아사보다 더 크게 영토를 확장하고 강대한 나라로 키웠던 왕들 중에도 역사 속에 잠깐 나타났다가 다시 사라진 왕들이 많았고, 심지어 더 많은 왕들은 성경에 이름도 기록되지 않았습니다. 역사를 영적인 시각에서 본다면, 이들은 하나님이 쓰시는 역사의 주인공이 아니라는 말이겠지요.

우리의 주인공, 아사는 불신앙의 시대에 태어났지만 믿음으로 살았습니다. 하나님의 말씀을 따라 살면서 그의 마음과 존재, 삶 전부가 하나님 앞에 온전한 사람임을 보여 주었습니다. 그의 마음이 온전하였기에 하나님께서 그와 동행하셨습니다.

그렇다면 아사가 어떤 방식으로 그의 온전한 마음을 삶으로 나타냈을까요? 온전한 삶을 살고자 분투하였던 노력은 그의 개혁에서 드러납니다. 아사가 첫 번째로 단행한 개혁은 궁중 개혁이었습니다. 아래에서부터 올라오는 개혁이 아니라 자신이 먼저 변하는 모습을 보여 주어 백성들에게 본이 되는 개혁이었습니다.

아사는 어린 나이에 왕위에 올랐기 때문에 그가 어릴 때는 할머니 마하가의 섭정을 받았습니다. 성경에 마하가는 어머니라고도 말하는데, 사실상 할머니로 추정됩니다.

그런데 아사가 섭정을 끝내고 왕의 권위가 생기자 그가 한 일은 태후를 폐위한 일이었습니다. 태후가 우상을 숭배하였기 때문입니다. 이미 유다에는 우상 숭배가 팽배해 있었습니다. 왕을 비롯한 고위 관리로부터 백성들에 이르기까지 우상이 침투하지 않은 곳이 없을 정도로, 우상 숭배는 당연한 것으로 받아들여지고 있었습니다. 같은 우상을 섬기는 이들은 서로 단합하여 세력을 모으고 거대한 이익 집단을 형성하기에 이르렀습니다. 아사 왕의 개혁을 도와 힘을 실어 줄 만한 세력은 그 어디에도 없었습니다.

그러나 아사는 외로운 투쟁을 결단하였습니다. 한 나라라는 거대한 집단을 한 사람 아사가 맞서 우상 숭배의 죄악을 유다에서 쓸어 버리는 일을 시작하였습니다. 먼저 궁에서부터 철저하게 우상을 제거함으로써 백성들에게 본이 되었습니다. 이 일을 실행에 옮기기까지 아사는 얼마나 고심했을까요? 자신을 키워 준 이에게는 인간적인 배신 행위였고 수많은 사람들의 대적이 되어야 했으니 말입니다.

한 나라의 지도자로서 아사는 백성들의 행복과 편의를 추구해야 하지만, 그것보다 더 중요한 역할은 백성들을 올바른 신앙의 길로 인도해 주는 일이었습니다. 그렇기 때문에 백성들이 여호와 하나님을 잊고 잡다한 이방 신들을 섬기는 것을 용납할 수 없었습니다.

아사에게는 한 편이 되어 줄 사람도 없었습니다. 홀홀단신의 외로운 투쟁이었습니다. 그는 오직 함께 하시는 여호와 하나님께 의지하였습니다. '하나님 외에 제가 의지할 이 없고, 제게 힘주실 이 없습니다.' 하나님을 동지로 삼아, 그는 나라에 들어온 우상 숭배의 누룩을 제하기 시작하였습니다.

여러분, 우리는 다른 사람들의 허물을 잘 찾아냅니다. 그리고 발견한 허물을 입 밖으로 소리 내어 말하기도 잘합니다. 그러나 그전에 자신의 모습을 돌아보아야 합니다. 다른 사람들에게서 발견되는 나의 허물은 없는지 말입니다.

만일 나에게 그러한 허물이 있다면 스스로 고치려고 애쓰고 기도하여야 합니다. 그것으로 다른 사람들에게 본이 되어야 합니다. 한 가정의 부모라면 더더욱 아이들의 본이 되어 주십시오. 말이 아니라 우리의 뒷모습을 보는 아이들, 더 나아가 친지들과 우리의 직장동료들, 그들은 모두 그리스도인인 당신이 어떻게 하나님을 대접하며 살아가는지 지켜보고 있습니다.

여러분이 하나님을 얼마나 존귀히 여기고 있는지, 그 존귀하신 주님을 닮아 더 온전해지려고 얼마나 노력하고 있는지 지켜보고 있다는 사실을 절대로 잊지 마십시오.

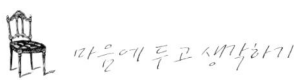
마음에 두고 생각하기

눈에 보이는 다른 사람의 허물에 대해 경솔히 입을 열기 전에, 먼저 자기 자신의 허물은 무엇인지, 다른 사람들에게 악한 영향을 끼치고 있지 않은지 돌아보십시오. 있는 그대로의 나의 허물을 인정하는 일이 아프더라도, 내가 더 다듬어져서 하나님의 사람으로 한 발짝 다가갈 수 있다면 기꺼이 아픔을 감수하기 원합니다. 하나님께 순종하는 데 불필요한 걸림돌들을 그렇게 하나씩 둘씩 버리면서……

외로운 투쟁 2

"그러나 아사의 마음이 일평생 여호와 앞에 온전하였으며"(왕상 15:14下).

 남 유다 왕국의 우상 숭배를 몰아내는 두 번째 개혁은 아세라 신상을 쓰러뜨리는 일이었습니다. 온 나라에 퍼져 있는 수많은 신상을 넘어 뜨리고 폐기하였지만, 완전하게 없애지는 못하였습니다. 그 이유가 무엇이겠습니까? 아사의 개혁이 철저하지 못했다고 추측할 수도 있지만, 그만큼 우상을 섬기려는 백성들의 애착도 집요했던 것입니다. 대대로 섬겨 왔던 우상의 신상이 왕의 개혁 정책으로 인해 산산이 부서지며 무너져 내리는 것을 보는 백성들에게는 왕에 대한 반감이 가득하였을 것입니다. 백성들이 한 목소리로 왕에게 대적하면, 비록 그들에게 정치적인 힘이 없고 군사력이 없어도 왕은 외로워지고 힘이 빠지게 마련입니다.

 세 번째 개혁은 산당을 제하고 남색하는 자들을 쓸어 버린 일입니다. 이스라엘 민족들이 가장 많이 섬겼던 이방 종교는 바알 종교인데, 이것은 가나안의 토착 종교입니다. 바알 신을 잘 섬기면 비를 제때에 내려 주어 풍작을 거두리라는 기대를 가지고 유다 백성들은 바알 종교를 받아들였습니다. 즉 농경 사회를 풍요롭게 하는 권한은 여호와 하나님보다 바알 신에게 있다고 믿은 것입니다.

여러분은 어떠십니까? 죄 많은 이 세상에서 복음 하나로 충분하다고 마음에서 우러나오는 고백을 하실 수 있습니까? 어쩌면 선뜻 "네, 그렇습니다." 하고 대답이 나오지 않아 당황스러우실지 모릅니다. 유다의 백성들은 "유일신 신앙으로는 뭔가 부족합니다. 농경 신도 아울러 섬기면 마음이 놓이겠는데요." 하고 종교의 혼합주의를 택하였습니다. 하나님을 버린 것은 아니지만, 하나님과 함께 다른 신들도 마음에 두게 된 것입니다.

산당을 만들고 그곳에서 이방 신들에게 제사를 드리며 풍년을 기원하는 일들이 벌어졌습니다. 그리고 풍년을 기원하는 의미를 가진 부도덕한 성행위들을 자행하였습니다. 이 일은 어느 한 세대에만 있었다가 사라진 일도 아니고 몇 대에 걸쳐 그 나라에 뿌리 내렸습니다. 그런데 아사가 나서서 산당을 부수고 바알 신에게 드리던 제사도 전면적으로 금하니, '저러다가 바알 신에게 재앙을 받으면 어쩌나, 우리 농사를 모두 망치는 것 아닌가.' 하는 염려와 근심, 왕에 대한 불만이 남유다의 민심을 사로잡고 있었습니다.

불신앙의 시대에 신앙인으로 사는 사람들은 외롭습니다. 의롭고자 하나 오히려 사람들에게 박해를 받습니다. 그렇다고 세상과 타협하면서 나름대로의 신앙을 지키려고 하다가는 자칫 신앙인의 정체성을 상실하기 쉽습니다. 그 마음이 하나님으로 가득하지 않으면, 이미 하나님 보시기에 순전하고 온전하지 않기 때문입니다. 온전하지 않은 마음에서는 순종하는 삶이 나오지 않기 때문입니다.

인생의 최고의 가치를 '하나님의 뜻대로 사는 것'에 두고 삶을 꾸려

가다 보면 아사와 같이 결단과 개혁이 필요한 때가 있고, 그로 인해 외톨이가 될 수도 있습니다. 그러나 그때에도 두려워하지 않을 수 있는 이유는, 하나님께서 함께 해주시기 때문입니다. 하나님께 온전한 마음을 드리고자 하는 사람들에게 하나님은 동행해 주십니다.

우리가 이 세상에서 무엇을 하며 살든지, 중요한 것은 나를 구속하신 하나님의 그 큰 사랑, 십자가의 놀라운 은혜를 마음에 간직하고 분투하는 순종으로 온전한 사람이 되는 것입니다. 여러분이 어둠 속에 빛나는 샛별이 되어 주님을 기쁘게 해드린 아사와 같은 온전한 사람이 되기를 소망합니다.

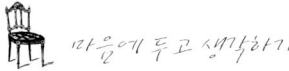

하나님입니까? 세상입니까? 유일하신 하나님입니까? 이 세상의 더러운 우상입니까? 중간은 없습니다. 여러분의 마음과 모든 삶의 영역에서 하나님이 아닌 가치들은 모두 불태워 버리십시오. 신앙은 그곳에서 시작됩니다. 하나님과 세상을 견주고 있다면 신앙생활이 시작되었다고 말할 수 없습니다.

아버지를 대신한 헌신

"저가 그 부친의 구별한 것과 자기의 구별한 것을 여호와의 전에 받들어 드렸으니 곧 은과 금과 기명들이더라"(왕상 15:15).

남 유다의 아사 왕은 다윗 이후로 하나님의 마음을 기쁘게 해드렸던 왕입니다. 아사는 불신앙의 시대에 샛별같은 신앙을 가지고 유다를 하나님의 순결한 백성으로 회복시키기 위한 개혁을 과감히 단행하였습니다. 우상 숭배에 젖어 있던 백성들의 마음이, 신상이 넘어지고 산당이 깨어지는 것처럼 깨뜨려져서 다시 한 분 하나님께로만 모아지는 온전한 마음이 되기를 소망하였습니다.

본문은 개혁을 단행한 이후 아사가 했던 일을 기록하고 있습니다. 곧 개혁이 있은 후에 아사가 "금과 은, 살림살이들을 모아 성전에 드렸다"고 합니다.

그런데 "자기의 구별한 것"을 드린 것은 알겠는데, "그 부친의 구별한 것"을 드렸다는 말은 무슨 의미일까요? 이것을 이해하기 위해서는 배경 지식이 필요합니다. 성전에서 사용될 물건들은 일반적인 물건들과 함께 사용되지 않으며, 따로 구별이 됩니다. 그리고 일단 하나님께 바쳐진 성물을 다시 왕궁에서 가져다가 쓰는 것은 불가능합니다. 성물에 손을 대는 행위는 패역한 것으로 여겨졌기 때문입니다. 그래서 아사의 부왕이 하나님께 드릴 성물을 따로 모아 두고서 성전에 드리지 않았기에 그 물건들이 그대로 남아 있었던 것 같습니다. 그리고 아사가 왕이 된 후에, 부왕이 하나님께 드렸던 약속을 완성하였습니다. 부왕을 대신하여 속죄하는 의미에서 그 약속을 지킨 것입니다.

이 사건은 하나님의 자녀로서 그의 마음이 하나님 앞에 온전해지기 위해서는 순종 이상의 무엇인가가 더 필요함을 보여 줍니다. 아사는 일평생 하나님께 순종하기를 애씀으로써 결국 온전한 사람이라고 칭함을 받았고, 하나님의 명령에 순종하려고 애쓰는 순종의 삶은 또 하나의 그의 신앙생활의 특징을 반영하고 있습니다. 바로 헌신된 삶입니다.

헌신하는 삶이란, 자기 자신이 능히 누릴 수 있는 어떤 것을 주님을 위해 드림으로써 자신에게 닥칠 불편함이나 고통을 기꺼이 감수하는 삶을 말합니다. 그렇게 희생하지만 이것을 통해서 하나님의 뜻이 이루어지는 것으로 만족하는 삶 역시 헌신의 삶입니다.

하나님께서는 아사의 순종과 헌신을 기뻐하셨습니다. 일평생 아사의 마음 중심에 하나님이 가득 차 있었기에 그는 온전한 삶, 순종하는 삶을 살 수 있었고, 그의 온전함과 순종은 날로 새로워졌습니다.

지금까지 우리에게 모자람과 허물이 많이 드러났다면, 그대로 인정하십시오. 그러나 우리는 아사의 모본을 보았습니다. 지난날의 허물들이 많으면 많은 만큼, 다가오는 날들을 더욱 분투하여 하나님께 드려야 합니다. 순종하고 헌신하는 삶을 남의 것이라고 여기지 마십시오. 여러분은 '구원받은 인류 중에 한 사람'이 아닙니다. '하나님의 특별한 사랑으로 구원받은 한 사람'입니다. 여러분이 이 세대의 영적 어두움을 비추는 자, 이 시대의 흐름에 분명한 선을 긋고 거슬러 갈 용기 있는 자로 서기를 하나님께서 기대하십니다.

 마음에 두고 생각하기

한 여인은 그의 전부인 향유 옥합을 깨뜨려 예수님께 드렸습니다. 곧 자신의 인생을 주님께 바친 것입니다. 그처럼 우리의 삶도 깨뜨려져 아버지께 드려져야겠습니다. 우리의 모든 것을 온전히 헌신할 때, 하나님이 기뻐하시는 것을 보며 우리의 기쁨도 충만해질 것입니다.

하나님의 명령에 대한 우리의 생각

"저가 그 부친의 구별한 것과 자기의 구별한 것을 여호와의 전에 받들어 드렸으니
곧 은과 금과 기명들이더라"(왕상 15:15).

하나님께 우리가 드릴 순종은 두 가지로 나누어 볼 수 있습니다. 소극적인 순종과 적극적인 순종이 그것인데, 전자는 그분이 금지하신 명령에 복종하는 것을 가리키고, 후자는 그분이 하라고 말씀하시는 것에 대해 복종하는 것을 가리킵니다.

그런데 우리는 적극적인 순종을 행하기보다 소극적인 순종이 전부라고 생각하는 우를 범합니다. 즉 금지 명령은 하나님의 '명령'으로 여기면서도, 행하라고 하신 긍정 명령은 하나님의 '권고' 정도로 여기는 것입니다. 그러나 율법의 구조상 율법의 금지 명령은 항상 긍정 명령을 지향하고 있습니다.

"너는 나 외에는 다른 신들을 네게 있게 말지니라"출 20:3를 단지 금지 명령으로 보면 '하나님 이외에 다른 신을 마음에 두지 않도록 조심하자.'고 생각하게 되지만, 긍정 명령으로 보면 '하나님만을 섬기고 사랑하자.'는 계명이 됩니다. "너를 위하여 새긴 우상을 만들지 말고……그것들에게 절하지 말며"출 20:4-5는 말 그대로 '우상에게 절하고 고사를 지내고 굿을 하는 행위 등을 금하는 명령'이기보

다는 '절대자이시며 인격자이신 하나님의 존재와 영광에 합당한 방식으로 예배드리라는 계명'입니다.

"살인하지 말지니라"13절는 결국 '이웃을 사랑하라.'는 의도를 지닌 것이며, "너의 하나님 여호와의 이름을 망령되이 일컫지 말라"7절는 '네 평생에 하나님의 이름을 높이면서 살라.'는 계명이고, "네 이웃에 대하여 거짓 증거하지 말지니라"16절는 '정직하고 진실하게 살라.'는 계명입니다. 그러니 여러분, 하나님께서 금하신 일에 순종하여야 하지만, 더 나아가 금지 명령이 궁극적으로 지향하는 바를 깨닫는 것이 중요합니다.

아사는 하나님의 금지 명령에 순종하는 한편 긍정 명령을 실행하기 위해 헌신하였습니다. 이것은 그가 얼마나 말씀을 가까이 두고서 잘 깨닫기 위해 분투했는지를 증명해 줍니다. 하나님의 말씀을 조금의 어긋남도 없이 지키고자 하는 열망과 하나님께만 향해 있는 그의 온전한 마음이 온 나라의 신앙 개혁으로 표출되었습니다.

그러면 아사가 하나님의 말씀을 온전히 좇도록 모든 상황이 예비되어 있었을까요? 조금도 그렇지 않았습니다. 그는 영적으로 타락한 나라의 왕궁에서 태어나, 외롭게 신앙을 지켜야 했습니다. 그는 하나님을 경외하지 않는 부왕의 길을 따르지 않았습니다. 자기에게 듣기 좋은 말로 아첨하는 신하들에게 귀기울이지 않았습니다. 그는 하나님의 명령을 듣고 그에 순종하였으며, 자신과 민족의 소망을 여호와 하나님께만 둔 충성된 삶을 살았습니다. 그리하여 그는 하나님이 보시기에 온전한 사람이 되어 갔습니다.

여러분이 혹시라도 하나님께서 '금지'하신 명령을 좇기에 급급하여, "행하라." 하신 명령을 소홀히 하지는 않았는지 살펴보십시오. 죄를 범하지 않기 위해 마음을 단속하는 한편, 적극적으로 행하라고 하신 명령을 순종하기 위해 움직여 보십시오. 비록 외로운 투쟁이 될지라도 하나님을 의지하여 행할 때, 하나님의 뜻이 이루어지는 그곳에서 우리의 기쁨과 행복이 자라갈 것입니다.

 마음에 두고 생각하기

우리의 순종이 '하지 말라'를 지키는 데 머무르지 않고, 하나님이 '하기' 원하시는 데까지 나아가기를 원합니다. 이 시대에 하나님의 기뻐하시고 온전하신 뜻이 무엇인지 분별할 줄 아는 지혜로운 여러분이 되시기를 바랍니다.

하나님의 큰 일을 감당할 자

"저가 그 부친의 구별한 것과 자기의 구별한 것을 여호와의 전에 받들어 드렸으니 곧 은과 금과 기명들이더라"(왕상 15:15).

모세가 광야에서 하나님의 부름을 받았던 때를 떠올려 보십시오. 이스라엘 민족의 해방과 구원이라는 대업을 이루기 위해 하나님은 모세를 택하셨습니다. 그는 불붙었으나 타지 않는 가시나무 떨기 가운데 오신 엄위하신 하나님의 영광 앞에서 혈기를 부리며 대들었던 젊은이였습니다. 그럼에도 하나님은 모세에게 당신의 대업을 맡기셨습니다.

그 결과 모세는 사명을 완수하기 위해 자신을 다 드리는 헌신적인 생애를 살았습니다. 사명을 받은 모세의 삶은 고난과 역경의 가시밭길이었지만, 그 길을 통과하면서 그는 그 어떤 사람보다 하나님과 친밀하게 교제하였습니다. 그리하여 혈기 충만하던 젊은이가 후에는 온유함이 지면에 있는 모든 사람보다 더 뛰어난 사람으로 변하는 놀라운 은혜의 역사를 이루었습니다.

하나님께서는 부족한 사람을 통해서도 하나님의 큰 일을 이루시고, 덜 준비된 것처럼 보이는 사람들을 쓰셔서 당신이 하고자 하시는 일들을 능히 감당할 수 있게끔 만드십니다.

어떤 사람이 살아가는 삶의 방식을 보면 그의 사람 됨을 알 수 있습니다. 따라서 하나님께서 믿는 우리들에게 맡겨 주신 크고 작은 사명에 대해 우리가 가지고 있는 태도는 곧 하나님께 대한 우리의 태도와 같습니다. 주를 경외하는 사람은 그분이 맡기신 일에 헌신하는 삶을 살 것이며, 그들은 그런 삶의 방식을 통해서 자신에게 사명을 부여해 주신 주님의 성품을 본받아 갈 것입니다. 다시 말해 하나님 앞에 온전한 사람은, 온전한 삶을 살기 위해 분투할 것이며, 그런 삶의 방식으로 인해 그는 점점 더 온전한 사람으로 빚어질 것입니다.

하나님의 사명에 대해 태만한 사람들은 처음에는 태만한 삶이 좋아서 그것을 선택하였지만 시간이 흐를수록 그 악한 삶의 방식 때문에, 게으르고 쓸모없는 사람이 되어 갈 것입니다. 그리하여 그들이 하나님 앞에 진실한 사람이 되고 싶어도 진실을 선택할 수 없고, 충성스럽게 살려 해도 그렇게 살 힘이 없는 사람으로 전락하고 맙니다.

아사 역시 완전한 사람으로 시작하지 않았습니다. 그 역시 연약한 인간이었으나 그가 인생을 마친 후에 성경은 그에 대해 "일평생 하나님 앞에 마음이 온전하였던 사람"이라고 기록합니다.

하나님께서 처음 일을 맡기시는 사람이 인격적으로나, 능력에 있어서 모자라는 것 투성이일 수도 있습니다. 그러나 헌신되고 충성스럽게 살려고 부단히 노력하는 그 사람은 점차 하나님의 사람이 되어 갑니다. 하나님이 무슨 일을 맡기든지 기꺼운 마음으로 감당할 자로 준비되는 것입니다.

그렇게 하나님께 충성되고 헌신적인 사람들, 하나님을 위해 자신의 유익을 버리고, 그리스도의 영광을 위해 자기의 명예를 기꺼이 희생하는 사람들은 마지막 때에 하나님의 얼굴을 뵈올 사람들입니다.

여러분, 하나님이 주신 사명을 기뻐하십시오. 그 사명을 하나님을 향한 마음으로 대한다면 그 사명을 이루는 과정 속에서 다른 사람이 알 수 없는 비밀스러운 기쁨과 행복이 여러분에게 주어질 것입니다. 아니, 이미 준비되어 있으니 여러분이 취하기만 하면 됩니다.

 마음에 두고 생각하기

하나님께서는 부족하고 연약한 자들을 당신의 역사의 주인공으로 사용하십니다. 처음에는 보잘것없는 자였으나, 그들을 다듬으시고 하나님께 의지하는 순전한 자로 바꾸시는 과정을 거쳐, 그들을 역사 가운데 유난히 빛나는 거성으로 만들어 주셨습니다. 하나님의 자녀로 부름 받은 우리 또한 부족한 사람들이지만 하나님께서는 여러분 각자에게 한 사람도 빠짐없이 사명을 주셨습니다. 우리는 그 사명을 감당함으로써만 하나님 나라의 역사를 이루는 일에 한 역할을 담당할 수 있습니다.

헌신할 결단을 내릴 때

"저가 그 부친의 구별한 것과 자기의 구별한 것을 여호와의 전에 받들어 드렸으니 곧 은과 금과 기명들이더라"(왕상 15:15).

어느 주인이 타국에 다녀오게 되었는데, 세 명의 종을 불러 각자에게 5달란트, 2달란트, 1달란트를 맡겼습니다. 5달란트 받은 종은 그 돈을 밑천으로 장사하여 5달란트를 더 벌었습니다. 2달란트 받은 종도 장사하여 2달란트의 이익을 남겼습니다. 그리고 1달란트 받은 종은 땅을 파서 돈을 묻어 두었습니다.

오랜 시간이 흘러 주인이 돌아와 돈을 맡겼던 종들을 불러서 셈을 하게 되었습니다. 각각 5달란트와 2달란트를 받은 두 종에게 자초지종을 전해 들은 주인은 기뻐하며 칭찬을 아끼지 않았습니다. 그러나 그들이 돈을 많이 벌었기 때문에 주인이 흡족해 했던 것은 아니었습니다. 비록 그들이 받은 달란트가 적은 액수의 돈은 아니었지만 주인은 이미 큰 부자였기 때문에 그 돈을 종들에게 기꺼이 나누어 주었을 것이기 때문입니다.

세 번째 종은 오랫동안 땅 속에 묻어 두었던 돈을 꺼내어 주인에게 내밀었습니다. 그리고 변명하였습니다.

"주인님, 당신이 아무 수고도 하지 않고 남이 심고 뿌려 놓은 것을 거둬들이는 지독한 분이신 줄 알고 두려워서 당신이 주신 달란트를 감추어 두었습니다."

그러자 주인은 그 종을 이렇게 불렀습니다.

"이 악하고 게으른 종아!"

주인이 종을 악하고 게으르다고 평가한 이유는 무엇 때문일까요? 그는 주인을 위해 아무런 수고나 헌신을 하지 않았습니다. 하다 못해 1달란트를 취리하는 자들에게 맡겨 이자를 더 얻으려고 하지도 않았습니다. 그 종은 1달란트를 빼앗겼을 뿐만 아니라 주인의 집에서 쫓겨났습니다.

만약에 세 번째 종이 1달란트를 가지고 열심히 일을 했는데 이윤을 남기지 못하고 본전만 남겨서 도로 1달란트가 되었다고 한다면, 그 종은 주인의 마음을 기쁘게 했을 것이고, 1달란트를 선물로 받았을 것입니다. 여러분, 잊지 마십시오. 게으르고 헌신이 없는 삶은 주님 보시기에 악합니다.

5달란트, 2달란트를 받았던 종들은 주인에게 이익을 돌려 드리기 위해 헌신하였고 그에 따른 고난도 감수하였습니다. 주인이 믿고 맡긴 달란트를 가지고 주인에게 더 이익을 돌리겠다는 목표가 있었기 때문입니다.

여러분, 여러분의 삶은 어디에 초점이 맞추어져 있습니까? 초점이 명확하지 않으면 그에 따른 헌신도 없습니다. 하나님을 위해 살고 죽으리라고 삶의 초점을 맞췄던 믿음의 사람들이 헌신된 삶을 살았다고 성경은 증거합니다. 그들의 온 마음과 심령의 눈은 그 한 가지 목표를 향해 불타 올랐고, 그 목표를 향해 자신의 모든 것을 쏟아 부으며 살신성인의 도를 실천하였습니다.

아사의 삶의 초점은 하나님께로 고정되어 있었습니다. 그런 까닭에 하나님의 계명에 순종하고 자신의 소중한 것을 하나님께 구별하여 드렸으며 온전한 마음을 유지할 수 있었습니다. 우리가 살아야 할 삶의 모습이 바로 이러하지 않겠습니까?

하나님께서 여러분에게 어떤 사명을 맡기셨고, 그것이 무엇이든 주님께로부터 받은 것이 분명하다면, 거룩한 하나님의 명하심에 따라 그것을 위해 최선의 것을 드려 희생하고 헌신하십시오. 헌신의 결단을 내리는 일에 망설일 시간은 조금밖에 주어지지 않습니다. 망설이는 동안에 하나님께서 우리에게 주시려 했던 하늘의 은혜를 거두어 가실지도 모릅니다.

 마음에 두고 생각하기

지혜로운 자가 되기 위해서는 분명한 목표를 가져야 합니다. 목표 의식에 불타는 사람이 모든 일을 민첩하게 처리할 수 있습니다. 우리에게 목표가 없다면 지혜도, 민첩함도, 헌신도 아무 소용이 없습니다. 물론 본문은 착하고 충성된 종이 되어야 한다고 말합니다. 그런데 왜 그런 종이 되어야 합니까? 그렇게 되었을 때 무엇이 성취됩니까? 진정으로 착하고 충성된 종이 되기 위해 우리에게 필요한 것은 분명한 목표입니다. 주인의 기쁨이 되어야겠다는 목표!

obedience
by grace

하나님을 만난 히스기야
이스라엘의 하나님 여호와께로 돌아오라
여호와께 연합함
온전히 지킨 계명

히스기야의 순종

하나님을 만난 히스기야

"곧 저가 여호와께 연합하여 떠나지 아니하고 여호와께서 모세에게 명하신 계명을 지켰더라"
(왕하 18:6).

남 유다의 왕 중에 한 사람인 히스기야는 아사의 뒤를 이어 하나님의 사람이라고 기록된 특별한 왕입니다.

히스기야가 왕위에 올랐을 때, 이미 북 이스라엘은 앗수르에게 패망한 후였습니다. 당시의 정황으로 보아도 이스라엘의 역사는 기울어 가는 석양과 같이 쇠하여 가는 듯했습니다. 그러나 한 사람, 히스기야는 유다는 물론 북 이스라엘에까지 신앙의 부흥을 전파하였습니다. 유일신 신앙을 잃은 두 나라에 강력한 영적 도전을 던질 개혁을 과감히 준행하였습니다. 히스기야가 하나님을 만난 사람이었기 때문에 이 일이 가능하였습니다.

먼저 히스기야는 아버지 아하스 왕이 폐쇄하였던 하나님의 성전을 수리하고 다시 열었습니다 대하 29장. 구약 역사를 보면 이스라엘 백성들의 신앙은 성전을 중심으로 이루어집니다. 국가적인 어려움에 처했을 때나 개인적으로 도움을 구할 때에는 항상 성전으로 올라갔습니다. 성전에 갈 처지가 아닐 경우에는 성전을 향해서 기도하곤 하였습니다.

그러므로 신앙의 구심점에 있던 성전을 폐쇄했다는 것은 사실 유일신 신앙을 포기했다는 말과 동일합니다. 그러나 히스기야가 성전을 다시 열고 성전의 구석구석을 구축하면서 이스라엘 백성들의 신앙이 다시금 성전 중심으로 돌아가게 될 계기가 마련되었습니다.

히스기야는 성전에서 오로지 여호와 하나님을 향해 제사드리며 기도하였던 역사를 환기시켰습니다. 산당을 훼파하고 이방의 신상들을 파괴함으로써 왕궁과 히스기야 왕이 중심이 되어, 유일신 신앙을 만방에 선포한 것입니다.

마치 "이스라엘아, 들어라! 우리가 참으로 돌아가야 할 곳은 여호와 하나님뿐이다. 여호와 하나님밖에는 없다!" 하고 소리 높여 외치는 것 같이 말입니다.

다음으로는 산당과 아세라 목상, 기타 우상들을 훼파하였습니다. 우상 숭배가 널리 퍼져 유일신 신앙과 섞이다 보니 하나님께 제사드리는 방식이 이방 신들에게 제사드리는 것과 유사하게 변질되었던 것입니다. 그리하여 산당을 부수고 우상들을 차례로 제거함으로써 히스기야는 백성들의 유일신 신앙을 일깨웠습니다.

그가 온 이스라엘에 얼마나 신선하고 강력한 바람을 일으켰을까요. 죽어 가던 사람들의 심령이 하나님을 의지하여 다시 새로워졌을 것입니다. 잊혀졌던 하나님의 거룩하심과 엄위하심을 기억하고 자신의 죄를 깊이 회개하며 통탄한 이들이 곳곳에 나타났을 것입니다.

히스기야의 개혁은 그의 백성들 모두가 진실한 신앙의 자리로 돌아오기를 염원하는 마음이 불러일으킨 것이었습니다. 그가 하나님의 계명을 좇아 순종하는 사람이었기에, 하나님의 역사의 주인공으로 부름 받았습니다.

 마음에 두고 생각하기

우리의 마음속에는 예수님의 왕좌가 놓여 있습니다. 그런데 종종 예수님대신 우리 자신이 그 자리를 차지하고 있지는 않습니까? 예수님을 구주로 모신 이후로는 '내 마음 가는 대로, 내가 원하는 대로' 살지 않기로 결단하였던 것을 잊어서는 안 될 것입니다. 예수님께 순종하며 따를 때 우리의 삶의 질서는 정렬될 것이고, 그럴 때만 우리의 삶이 행복할 수 있습니다.

이스라엘의 하나님 여호와께로 돌아오라

"곧 저가 여호와께 연합하여 떠나지 아니하고 여호와께서 모세에게 명하신 계명을 지켰더라"
(왕하 18:6).

히스기야는 개혁을 멈추지 않았습니다. 그는 번제와 화목제를 드리고 유월절을 지켰습니다 대하 30장. 번제는 하나님께 헌신하겠다는 다짐을 나타내고, 화목제는 하나님과 평화를 먼저 누림으로 언약 공동체에 속한 모든 백성들이 화해를 이루게 되었음을 의미하는 제사입니다. 히스기야가 백성들과 함께 번제와 화목제를 드린 것은, 위로는 하나님께 헌신하고, 아래로는 백성들이 한 마음이 되어 하나님을 경외하는 유일신 신앙으로 단합된, 평화로운 공동체가 되기를 원했기 때문입니다.

유월절 절기를 지킨 것은 보다 큰 과업이었습니다. 분단된 남 유다와 북 이스라엘의 백성들이 한 분 여호와 하나님을 섬기는 한 민족, 언약 공동체임을 각성케 하였기 때문입니다. 히스기야는 북 이스라엘에게 "예루살렘에서 함께 유월절을 지키자."고 초청하였습니다. 유월절은 이스라엘 백성들이 하나님의 인도하심을 따라 애굽에서 탈출한 것을 기념하여 이스라엘 백성들이 지키는 절기입니다. 이 소식을 들은 북 이스라엘의 어떤 사람들은 비웃었으나, 많은 사람들이 겸비한 마음으로 유월절을 지키러 유다로 왔습니다. 이스라엘이 남북으로 분단된 이래로 이렇게 하나 되었던 적이 없었습니다.

히스기야는 비록 남과 북으로 왕국이 나뉘었지만, 하나님의 선택을 받은 한 백성으로서 하나가 되어야 할 영적이고, 정신적인 언약 공동체임을 깊이 깨닫고 있었던 것입니다. 이렇듯 히스기야로부터 시작된 유다의 신앙 부흥은 북 이스라엘 왕국까지 강력한 영향을 미쳤고, 유다가 멸망하여 바벨론의 포로가 된 후에도 두 나라 백성들이 '나뉠 수 없는 하나님의 언약 공동체'의 특성을 간직할 수 있는 정신적인 원동력이 되었습니다.

마지막으로 히스기야는 모세가 만들었던 놋뱀을 부수었습니다왕하 18:4. 이스라엘 백성들이 애굽에서 나와 광야 생활을 하던 중에 하나님을 원망하다가 불뱀에 물려 다 죽게 된 적이 있었습니다. 그때 하나님께서 모세에게 놋뱀을 만들어 장대에 꿰게 하셨습니다. 그리고 하나님을 믿고 놋뱀을 올려다 본 사람들은 살 수 있었습니다. 놋뱀은 하나님의 놀라운 기적을 체험케 하였던 증거로써, 대대손손 소중하게 물려 내려오던 물건이었습니다. 그런데 사람들은 점차 놋뱀을 다른 이방 신들과 다름없는 우상처럼 여겼습니다. 히스기야는 그들의 비뚤어진 믿음을 바로잡기 위하여 놋뱀을 부수어 버렸습니다.

히스기야는 유일신 신앙을 어떻게 따라야 하는지를 알았습니다. 놋뱀과 같이 눈에 보이는 것을 믿음의 근거로 삼지 아니하고, 보이지 아니하시는 하나님께 의지하였습니다. 모세로부터 전해지는 계명을 숙고하며 계명대로 따라 살고자 분투하였을 때, 하나님은 그에게 영적인 분별력을 주셨고 그럼으로써 히스기야는 유다는 물론 북 이스라엘에까지 큰 영향을 미칠 개혁을 단행할 수 있었습니다.

히스기야 한 사람이 온 백성들의 더럽혀진 마음 밭을 뒤집어 엎어 새 땅으로 가는 작업을 감당할 수 있었던 것은, 그가 하나님께 받은 사명에 온전히 순종하려고 애썼기 때문이었습니다.

우리도 남북 분단이라는 현실에 처해 있습니다. 그런데 오랜 시간이 흘렀다고 해서 그들을 잊고 있는 것은 아닐까요? 무엇보다 생명의 위험을 무릅쓰고 남몰래 기도하고 찬송하는 이들, 수용소에 갇혀 고난을 겪고 있는 많은 그리스도인들의 신음 소리를 들어 보십시오. 그들을 위해 기도해야 하는 사명을 놓아서는 안 될 것입니다.

 마음에 두고 생각하기

히스기야는 남과 북으로 나뉜 나라, 둘로 나뉜 백성들의 마음을 서로 이어 주는 다리가 되었습니다. 우리가 처한 현실도 이와 다르지 않습니다. 남과 북이 나뉘어 자유롭게 오가지도, 함께 하나님을 섬기지도 못합니다. 여러분, 이 현실을 얼마나 애통하게 여기십니까? 그리고 이것을 두고 얼마나 간절히 기도하셨습니까? 하나님의 이름을 위해 함께 모여 하나님께 경배와 찬양을 드렸던 이스라엘 백성들처럼, 하나님의 때에 우리의 남과 북도 함께 모여 하나님께 영광 돌리는 날이 올 것을 믿고 기도해야겠습니다.

여호와께 연합함

"곧 저가 여호와께 연합하여 떠나지 아니하고 여호와께서 모세에게 명하신 계명을 지켰더라" (왕하 18:6).

하나님께서는 첫 사람 아담을 창조하신 후 아담의 갈비뼈로 하와를 지으셨습니다. 하나님께서 하와를 아담에게로 인도해 가자 아담은 하와에게서, 하와는 아담에게서 즉각적으로 사랑을 느꼈습니다. 상대방이 자기 자신과 하나임을 깨달은 것입니다. 하나님은 그들이 부부가 되도록 결혼의 제도를 수립하셨습니다. "이러므로 남자가 부모를 떠나 그 아내와 연합하여 둘이 한 몸을 이룰지로다" 창 2:24. 이처럼 "연합하다"라는 용어가 가장 먼저 사용된 곳은 창세기 2장입니다. "연합하여"에는 '상대방으로 인해 자신이 온전한 사람이 되는, 있는 그대로의 자신이 있기 위해 상대방이 절대적으로 필요함'이라는 의미를 담고 있습니다.

신약으로 넘어오면 '남편과 아내의 연합의 정신'을 '그리스도와 교회, 신자와 교회, 신자와 그리스도의 정신적이고 영적인 연합'으로 비유합니다. 그리고 이것이 히스기야가 경험했던 연합이었습니다. 그로 하여금 하나님의 율법에 순종하며 살게 하였던 내면의 그 힘은, 하나님과의 연합에서 비롯된 것입니다.

하나님과 정신적인 연합을 이루며 살아가는 사람들의 마음속에는 하나님의 마음이 있습니다. 하나님은 당신의 사랑하는 자들에게 마음을 보여 주시기 때문입니다. 하나님의 마음과 연합된 정신으로 살아가면 하나님이 하라고 명하신 일과 내가 하고 싶은 일이 충돌할 때, 언제든지 나를 버리고 하나님을 따르게 됩니다.

하나님과 연합된 마음속에는 하나님을 향한 사랑이 있습니다. 하나님께 사랑받은 자의 마음에는 주님의 이름을 위해서 살고자 하는 충성된 마음이 있습니다.

이처럼 히스기야가 하나님과 연합의 관계에 있었다 함은, 히스기야에게 있어서 하나님이 전부였고 하나님께 있어서도 히스기야가 전부인 것 같은 삶을 살았다는 말입니다.

하나님의 마음이 우리에게 부어질 때 우리는 비로소 하나님이 원하시는 삶을 살 수 있습니다. 어두운 역사 속에서 신앙 하나로 고난을 이기며 믿음의 길을 걸어 왔던 수많은 사람들은 세상의 풍조에 마음을 더럽히지 아니하고 은밀히 경건의 지성소에서 무릎을 꿇음으로써 자신을 대면해 주시는 하나님 아버지께로부터 영향을 받았습니다. 하나님께서 주신 마음을 간직하고서 그 마음의 지도에 따라 자기를 쏟아 붓는 희생적인 삶을 살면서, 조용히 하나님의 은혜의 세계에 마음을 열고 신령한 하나님의 말씀과 은혜를 경험하면서 하나님의 마음 부어 주심을 받아들이며 살았습니다. 이것이 세상을 이기고 유혹을 이기는 가장 훌륭한 방법입니다.

우리를 공격하는 사단과 마귀의 공격이 고전적이듯, 그것들을 이기고 꺾는 우리의 방식 또한 새로운 것이 아닙니다. 이전부터 지금까지 수많은 사람들이 알고 경험했던 바가 그러합니다.

여러분, 지금 여러분이 적당히 순종하고 있다면 여러분 안에 하나님의 마음이 적당히 있기 때문입니다. 불순종의 삶을 살고 있다면 여러분 속에 하나님의 마음이 눈곱만큼도 없기 때문입니다. 여러분이 하나님의 모든 말씀에 순종하고 있다면 여러분 속에 하나님의 마음이 충만하기 때문입니다. 주님과 연합된 마음으로 살아가는 것, 이것이 성도의 가장 소중한 자산입니다.

 마음에 두고 생각하기

우리는 일상에서 우리의 마음을 기쁘게 하고 행복하게 하는 일들을 분명 경험하긴 하지만, 이 모두는 잠시 잠깐 있다가 사라지는 것들입니다. 누리면 누릴수록 그 깊이와 넓이를 이루 헤아릴 수 없는 참된 만족은 오직 하나님과 연합된 관계에서만 얻을 수 있습니다. 참된 만족을 누리고 싶은 갈망이 이루어지기 원한다면 하나님과의 친밀한 관계를 더욱 추구하십시오.

온전히 지킨 계명

"곧 저가 여호와께 연합하여 떠나지 아니하고 여호와께서 모세에게 명하신 계명을 지켰더라"
(왕하 18:6).

히스기야가 이루었던 급진적인 개혁의 동기는 사실 아주 단순했습니다. 바로 '하나님의 모든 말씀에 순종하기 위하여'가 개혁의 출발점이 되었습니다. 그런데 많은 이들이 애용하는 변명거리가 있습니다. '하나님의 말씀이 주어진 시대의 상황과 내가 살아가는 이 시대는 너무나 격차가 크다. 그러니까 그분의 말씀을 그대로 순종하기란 불가능하다.'

히스기야와 같이 참된 영적인 변화를 경험하고 말씀에 따라 순종하려고 하는 내적인 동기를 가진 사람들은 그러한 변명은 하지 않았습니다. 보십시오. "히스기야는 모세의 계명을 지켰다"고 성경은 기록합니다. 모세가 하나님의 말씀을 받았던 시대와 히스기야의 시대 사이에는 약 700여 년이라는 간격이 있습니다. 믿음이 없는 사람들에게야 몇 백 년 전의 가르침을 따른다는 일이 어처구니없는 일로 비춰졌겠지만, 히스기야는 하나님께 순종하려는 내적 동기와 의지가 있었기 때문에 시대를 뛰어넘어 말씀 속에 숨겨진 보물들을 찾을 수 있었습니다.

우리도 은혜를 받고 말씀을 보면, 말씀이 내 안에 깊이 다가옵니다. 시간을 뛰어넘어 우리에게 다가와 우리에게 영향을 주고, 하나님의 말씀이 명하는 바를 깨달아 그 명하시는 대로 살게끔 만듭니다.

그런데 반대로 우리의 은혜가 식으면 하나님의 말씀을 보아도 말씀과 자신의 삶은 너무 거리가 멀다고 생각합니다. 그 간격을 메우기 위해서는 하나님의 말씀이 이런저런 모양으로 변해야 우리가 겨우 지킬 수 있겠다고 단정내리는 것입니다. 그 자신이 하나님의 은혜에 감화 받지도, 순종하지도 않으면서 살고 있는 삶의 모습을 정당화하기 위해 핑계를 대고 있는 것이지요.

히스기야의 개혁은 그 자신의 변화에서부터 비롯되었습니다. 700여 년 전의 모세의 율법을 기록한 두루마리를 그의 곁에 소중히 간직하면서 그것으로 자신의 통치와 개인적인 삶의 표준으로 삼았습니다. 그리고 하나님의 말씀대로 준행하며 순종하기로 다짐하였습니다. 따라서 역사를 움직인 그 개혁은 히스기야 한 사람이 하나님의 말씀에 순종하며 살려고 했던 순종의 결단에서 흘러나온 자연스러운 결과였습니다.

히스기야는 하나님의 말씀을 사랑하고 말씀을 통해 하나님과 교제하며 그분의 마음을 자기의 것으로 삼았습니다. 그러고 나자 그의 시선은 백성들에게 향하였습니다. 우상에게 절하고 제사지내기에 바빠 하나님을 찾지 않는 백성들이 안타까웠습니다. 그의 백성들이 자신과 같은 신앙으로 돌아오기를 열망하게 되었습니다. 정말 하나님이 누구신지를 알고, 하나님의 은혜를 경험한 사람은 결코 자기 홀로 하나님의 율법을 지키는 것만으로는 만족할 수 없습니다. 그에게는, 나만 하나님께 영광 돌리고 경배할 뿐 아니라 나의 가족들, 이웃들, 심지어 이 땅에 살아 숨쉬는 모든 피조물들이 살아 계신 하나님께 순종하고 하나님께 영광 돌리는 삶을 살아야 한다는 열망이 있습니다. 이것이 진정한 의미에서 선교의 동기가 아니겠습니까?

하나님의 참사랑을 알고 예수님의 십자가 사랑을 알게 되니 내가 받은 이 사랑을, 만방의 모든 사람들이 경험하기를 꿈꾸게 되는 것입니다. 히스기야가 그의 백성들에게 꿈꾸었던 것이 이것입니다. 여호와 하나님의 사랑을 경험하고 믿음대로 살아가는 것, 온 이스라엘 땅이 한 마음으로 한 소리로 하나님께 경배드리는 날을 보는 것, 이것은 하나님을 만난 사람들, 하나님의 말씀을 지키려 분투하는 사람들의 공통된 소망입니다.

 마음에 두고 생각하기

히스기야 한 사람의 순종이 한 나라의 신앙 개혁으로 뻗어 가는 역사를 이루었습니다. 그리고 그를 움직이게 하였던 원동력은 하나님을 향한 사랑이었습니다. 그 사랑 때문에 히스기야가 하나님께 그 나라를 깨끗이 하여 바쳤던 것처럼, 우리도 이 나라를 위해 기도하기를 쉴 수 없습니다. 이 나라가 하나님께 온전히 돌아오는 그때가 속히 오기를 기대합니다.

obedience
by grace

- 경외하는 자의 특징, 순종
- 순종함을 배우신 예수님
- 순종의 학교, 고난 선생님
- 순종하여 온전함을 이루신 예수님
- 인내의 모본이신 예수님
- 사랑은 언제나 오래 참고

예수 그리스도의 순종

경외하는 자의 특징, 순종

"그가 아들이시라도 받으신 고난으로 순종함을 배워서 온전하게 되었은즉
자기를 순종하는 모든 자에게 영원한 구원의 근원이 되시고"(히 5:8-9).

히브리서 5장은 대제사장으로 오신 예수 그리스도를 구약의 제사 예법과 관련시켜 소개하면서 어떻게 예수 그리스도의 십자가의 죽으심이 우리의 영원한 속죄의 근거가 될 수 있는지를 설명하고 있습니다. 히브리서 기자는 특히 예수님의 지상 생애에 관심을 두고 기술합니다.

7절에서는 대제사장이신 예수님의 중보기도의 모습을 소개하고 있습니다. "그는 육체에 계실 때에 자기를 죽음에서 능히 구원하실 이에게 심한 통곡과 눈물로 간구와 소원을 올렸고 그의 경외하심을 인하여 들으심을 얻었느니라." 그리스도께서 우리의 대제사장이 되신 것은 십자가의 죽으심을 통해서이지만, 자기의 몸을 제물로 드리시기 전부터 그분의 삶은 제사장의 삶이었습니다. 죄인들을 위해 중보하신 것이 그 중에 하나입니다. 예수님의 지상 생애 동안에 그분이 하나님께 바치셨던 기도의 섬김과 헌신은 이루 다 말할 수 없습니다. 죄도 없으신 그분이 우리의 죄와 허물 때문에 심한 통곡과 눈물로 간구하기를 쉬지 않으셨습니다. 그리고 하나님은

예수님의 기도를 들어주셨는데, 그것은 "그의 경외하심" 때문이었습니다.

하나님을 경외하는 삶을 몸소 실천하신 예수님의 삶은 순종으로 나타났습니다. 그리고 순종은 고난을 통해 왔습니다. "그가 아들이시라도 받으신 고난으로 순종함을 배워서" 하나님이신 그분이 인간으로서 당해야 할 모든 고난을 한 몸에 받으셔야 했고, 그럼으로써 연약한 인간의 본질을 체험하셨습니다. 연약하기에 하나님을 의지하여 살 수밖에 없다는 것을 경험하셨고, 연약한 인간을 강하게 하고자 자신을 모조리 내어 주셨습니다.

죄인들을 위한 피난처가 되시고, 용서의 근원이 되실 수 있었던 예수 그리스도의 모습은 그분의 지상 생애의 모습 속에 가장 잘 나타났습니다. 사람의 몸을 입으시고 이 세상에 내려오셔서 진정으로 사람으로서 하나님께 순종하는 것이 무엇인지를 절실하게 경험하심으로서 예수님의 마음속에는 구원받아야 할 당신 자신의 백성들을 향한 애정이 강물처럼 흐르게 되었던 것입니다. 그렇게 예수님은 사람의 몸을 입으시고 이 세상에 내려오심으로 순종을 배우셨습니다.

우리는 이 땅에 계신 예수 그리스도의 모습을 보면서 참 하나님이시만 동시에 사람이시라는 믿음을 공고히 할 수 있습니다. 그분은 하나님의 아들로서 이 세상의 죄와 마귀의 일을 멸하고, 악인들을 심판하기 위해서 이 세상에 오셨지만 동시에 회개하고 뉘우치고 하나님께 돌아오기를 원하는 사람들에게는 훌륭한 피난처가 되십니다. 그래서 수많은 죄인들이 그분의 품에 안겼고 지금도 우리와 같이 죄 가운데 살고 있는 사람들에게 유일한 희망이 되십니다.

여러분, 우리에게도 하나님과의 뜨거운 첫 만남, 하나님의 사랑으로 충만하였던 기억, 기쁨과 평안함으로 가슴이 뜨거웠던 경험들이 생의 사이 사이마다 있을 것입니다. 그런데 하나님을 만나고 하나님의 성품을 경험한 것만으로는 그 사람이 하나님을 경외하였노라고 말할 수 없습니다. 그와 하나님과의 영적이고 정신적인 경험이 참으로 진실하다면, 그 경험은 구체적으로 순종하는 삶을 가져오기 때문입니다. 하나님을 사랑하고 경외하는 마음이 있다면 그 마음을 순종이라는 상자에 예쁘게 담으십시오. 그것은 하나님이 기뻐 받으실 선물이 될 것입니다.

 마음에 두고 생각하기

우리가 아직 죄인 되었을 때부터, 아니 삶을 시작하기도 전부터 우리는 예수님의 사랑을 입었습니다. 그 사랑 때문에, 죄로 얼룩진 지난 삶들이 너무나 죄송스럽습니다. 여러분, 여러분 모두 그 사랑 안에 거하며 주를 더욱 경외하는 자, 순종하는 자로 빛을 발하십시오. 이것이 우리를 향한 하나님의 불타는 소원입니다.

순종함을 배우신 예수님

"그가 아들이시라도 받으신 고난으로 순종함을 배워서 온전하게 되었은즉 자기를 순종하는 모든 자에게 영원한 구원의 근원이 되시고"(히 5:8-9).

본문의 말씀은 예수님께서 순종함을 배웠다고 말합니다. 여기서 자칫 오해하기 쉬운 것은, 예수님께서 순종을 배우셨다는 표현을 두고, '예수님이 전에는 미숙하셨고 불순종할 위험이 있어서 하나님께 훈련을 받아 순종을 아셨다.' 고 잘못 해석될 소지가 있다는 것입니다.

예수님은 그때에나 지금이나 흠 없으신 하나님의 아들이십니다. 인간의 몸을 입기 전부터, 인간으로 태어난 후에도, 인간으로 계시다가 십자가에 못 박히신 그때에도, 이제로부터 영원까지 변함없이 하나님의 아들이십니다.

그렇다면 예수께서 순종을 배웠다는 표현은 무엇을 말할까요? 이것은 예수님께서 순종을 경험했다는 의미입니다. 하나님의 아들이신 그분은 인간을 사랑하셨고 인간의 연약함을 알고 계셨습니다. 그러나 직접 인간의 몸을 입으시고 사람의 모양으로 순종을 경험하신 그것은 예수님께 새로운 경험이었습니다.

예수 그리스도께서는 인간의 육체가 얼마나 나약한지, 인간이 얼마나 죄 가운데 둘러 싸여 있는지, 얼마나 많은 유혹에 노출되어 공격 받고 있는지를 몸소 경험하셨습니다. 그리고 죄 많은 세상에서 하나님을 사랑하며, 하나님께만 순종하며 사는 것이 얼마나 힘든 것인지를 모두 경험하셨습니다.

예수님께서 인간의 몸으로 경험한 모든 것들이 바탕이 되어 그분은 진정으로 우리의 편이 되어 주셨습니다. 우리가 비록 죄인이지만 긍휼히 여겨 달라고 우리의 편에 선 대제사장이 되셔서 하나님께 간구와 소원을 통곡과 눈물로 올리셨습니다.

예수님은 죄인들을 진멸하기 위해 오신 하나님의 사자가 아니십니다. 하나님의 아들이셨고 하나님의 마음을 품으신 완전한 하나님 자신이셨지만, 이 세상에 오셔서 그분은 우리들 편에 계셨습니다.

사람들과 율법에 정죄받고 버림 받은 죄인들에게 찾아가셔서 그들 편에 서셨습니다. 소망 없어 보이는 악한 사람들 속에서 희미한 하나님의 형상을 찾아내셨고, 그들이 하나님의 용서를 받아 다시금 하나님의 형상을 회복하여 하나님의 백성이 되리라는 소망을 품으셨습니다. 그래서 죄인들의 편에 선 중보자가 되셨습니다.

성경에 중보자이신 예수님의 모습이 극명하게 드러나는 부분이 있습니다. "아버지여 저희를 사하여 주옵소서 자기의 하는 것을 알지 못함이니이다" 눅 23:34. 인생을 마치는 그 순간까지 그분은 우리의 편에서 우리를 긍휼히 여기셨습니다. 우리의 죄악과 우리의 무지가 그분을 십자가에 못 박았건만, 그런 우리를 한없는 사랑으로 용서하셨습니다. 죽으시면서까지 그 품에 품으셨습니다. 여러분, 이와 같은 사랑을 어디에서 찾을 수 있을까요?

예수님은 근본 하나님의 본체이십니다. 그토록 거룩하고 엄위하신 분께서 영광을 감추시고 사람의 몸을 입으사 세상에 오셨고, 수많은 죄인들에게 그분의 가슴은 유일한 피난처가 되었습니다. 죄인들을 향해 활짝 열린 문을 결코 폐하지 않을 견고한 산성, 죄인들의 마지막 희망이 되어 주셨습니다. 여러분, 그 안에서 평안을 누리십시오. 그리고 새 힘을 얻어 이생을 순종하며 사시기를 기원합니다.

 마음에 두고 생각하기

우리가 아무리 메마른 심령이라도 예수님의 희생의 사랑을 묵상하고 나면, 우리의 마음은 부드럽고 촉촉하게 기경됩니다. 죄인인 우리들의 편에 서신 예수님, 아무도 사랑하지 않을 때 사랑하는 내 자녀라 불러 주신 예수님, 오래 참으시며 작고 연약한 자를 다듬어 가시는 예수님께 사랑을 고백해 보십시오.

순종의 학교, 고난 선생님

"그가 아들이시라도 받으신 고난으로 순종함을 배워서 온전하게 되었은즉 자기를 순종하는 모든 자에게 영원한 구원의 근원이 되시고"(히 5:8-9).

여러분이 예수 그리스도를 믿고 하나님의 자녀가 되었다고 마음으로 동의하신다면, 여러분은 그 순간부터 순종의 학교에 입학한 학생입니다. 수많은 사람들이 그곳에서 순종을 배웁니다. 교장선생님은 인자하신 예수 그리스도이시고, 다양한 선생님들이 계십니다. 그 중에 고난이나 시련의 선생님이 있는가 하면, 말씀의 깨달음, 은혜의 선생님도 있습니다. 어떤 선생님이든지 교과서는 단 하나, 성경입니다. 성경을 공부하면서 순종을 배워 가는 것입니다.

처음에는 작은 일부터 순종하는 법을 배웁니다. 그 순종을 통해 우리는 순종의 기쁨을 맛보고 하나님께 작은 일에 걸맞는 작은 은혜를 입습니다. 그러면 그 은혜에 힘입어서 그보다 더 큰 일에 순종하게 되니 이렇게 해서 우리는 하나님을 위한 아름다운 순종의 삶을 살 수 있는 사람들로 빚어지는 것입니다.

순종의 학교에는 여러 선생님이 계신데, 그중에 가장 뛰어난 선생님은 '고난'입니다. 그런데 만약 우리가 고난의 회초리만 맞는다고 가정해 보십시오. 그러면 고난을 당하였을 때 정신은 번쩍 들겠지만, 어디서 고난의 아픔을 해결할 길을 찾겠습니까?

대부분의 사람들이 그저 고생만 하고 말 뿐입니다. 고난을 당하여 하나님께 순종하는 것을 배우려면 고난과 함께 하나님의 말씀에 대한 경건한 감화가 동반되어야 합니다. 그런 연유로 고난 선생님은 항상 한 손에는 회초리를, 다른 손에는 성경을 들고 계십니다.

어떤 사람들은 이렇게 항변합니다. "지금 내가 당한 고난이 발등에 떨어진 불인데, 언제 한가하게 교회에 나가고 무슨 정신으로 말씀을 듣겠습니까? 형편이 조금 나아져야 집에서 설교 테이프를 듣던지, 인터넷 예배를 드리든지 할 텐데, 지금은 도저히 그럴 경황이 없습니다."

여러분, 우리가 고난을 당하는 이유는 대부분 우리의 불순종 때문입니다. 게다가 말씀에 대한 깨달음이 없으면 불순종은 가속화되고 맙니다. 자신의 힘으로 고난을 막아 보려 해도 크고 작은 다양한 고난들은 쉼없이 우리 인생을 쥐고 흔들 것입니다. 여러분이 고난을 스스로 감당해 보려고 몸부림을 쳐도 시련이 그치지 않고 고통이 끊이지 않는다면 하나님과의 관계를 점검해 보십시오. 그것이 고난을 통해 순종을 배우는 첫걸음이 될 것입니다.

여러분, 여러분 중에 지금 고난을 받고 계신 분이 있습니까? 삶의 방향을 잃고 이리저리 흔들리며 방황하고 있다면, 그러면 잠시 동안 여러분 자신의 삶의 상황과 싸우기를 포기하시기 바랍니다. 하나님이 주시는 은혜 없이 스스로의 힘으로 어려움을 면할 수 있으리라고 생각하고 온갖 지혜를 짜내어 보아도 여러분의 노력이 얼마나 열매를 거둘지는 미지수입니다.

그러니 여러분, 잠시 싸움을 멈추고, 성경에 기록된 믿음의 사람들을 생각해 보십시오. 그들이 고난을 겪으며 순종하는 사람으로 변해 갔던 것처럼, 고난 받는 상황을 통해 하나님이 나에게 무엇을 알려 주고 싶어 하시는가에 집중해 보십시오. 고난 받는 것에 그치지 말고, 하나님이 나에게 주시는 말씀 속에서 고난의 궁극적인 원인이 무엇이며, 고난을 나에게 주심으로써 깨닫게 하시려는 삶의 교훈은 무엇인지를 가슴에 새겨야 하는 것입니다.

의미 없는 고난을 당하는 것만큼 헛된 일이 있을까요? 고난을 통해 더 좋은 것, 더 나은 것을 얻어 가는 여러분 되시기를 바랍니다.

 마음에 두고 생각하기

우리가 고난을 당하였을 때 고난만 당하는 미련한 자가 된다면 우리의 삶이 얼마나 억울할까요? 고난 중에 하나님의 말씀으로 인도를 받으십시오. 하나님의 품으로 돌아갈 때까지 순종의 학교에서의 수업은 끝나지 않을 텐데, 그 수업이 끝나기 전, 날로 신앙이 자라며 성숙해졌다는 선생님의 평가가 있는 자랑스러운 성적표를 받아야 하지 않을까요?

순종하여 온전함을 이루신 예수님

"그가 아들이시라도 받으신 고난으로 순종함을 배워서 온전하게 되었은즉 자기를 순종하는 모든 자에게 영원한 구원의 근원이 되시고"(히 5:8-9).

예수님께서 순종함을 배워 "온전케 되셨다"고 성경은 말합니다. '온전케 되셨다' 함은 '목적을 이루었다. 그리고 쭉 자라나 완전히 성장하였다'는 의미입니다. 그러나 '완전해졌다'는 의미와는 다릅니다. 완전하게 되시려면 불완전한 때가 있었다는 것을 전제로 하기 때문입니다. 문맥상 예수님께서 온전케 되셨다 함은 대제사장의 신분으로 우리의 죄를 대신하여 대속 제물이 되실 만한 상태에 이르렀음을 뜻합니다.

예수님께서 이 세상에 보냄 받으신 것은 대속의 죽음을 이루시기 위함입니다. 죽음을 맞으시기 전까지 예수님은 동정녀 마리아의 몸에서 태어나 갓난아이 시절, 유년기, 청년기의 시절을 보통 인간과 마찬가지로 보내셨습니다. 우리의 생각에는 이것이 의아하게 생각될 법합니다. 아담이 성인으로서 창조되었던 것처럼, 예수님 역시 성인의 몸으로 오셔서 바로 십자가에 못 박혀 돌아가셔도 무방해 보이기 때문이지요. 예수님은 하나님의 아들이시니 인간을 사랑하는 마음, 긍휼히 여기는 마음이 그때에도 충만하였을 터입니다.

그러나 하나님의 섭리와 계획은 우리의 것과 다릅니다. 하나님은 예수님을 바로 제물로 삼지 않으시고 30여 년 이상 자연적인 성장의 기간을 지나게 하셨습니다.

30년의 사적인 생애 속에서 온갖 인간의 연약함과 죄인들의 삶의 모습을 보셨습니다. 그리고 공생애 3년간 순종의 삶을 사시면서 하나님과 영혼들을 섬기셨습니다. 섬기는 모든 과정을 통해 하나님께서 예수 그리스도를 우리를 위해 죽으실 수 있는 온전한 한 제물로 만들어 가신 것입니다.

율법에서 규정한 제사의 규례에는 제물로 바치는 송아지나 양의 자격 요건이 명시되어 있습니다. 제물로 드려지기 위해서는 결함이 없어야 함은 물론 태어난 후부터 일정한 기간 자라난 상태여야 합니다. 이처럼 하나님께 제물로 바쳐지신 예수님께서도 온전해져 가는 기간이 필요했습니다. 단지 육체적인 성숙만이 아니라, 정신적이고 영적인 성숙, 심지어는 예수님의 마음속에 있는 정서적인 성숙까지 모두 자라가야 했습니다.

예수님의 성숙에 비하면, 우리 죄인들은 그분과 비교도 안 될 정도로 더 온전해져 가야 할 필요 아래 놓여 있습니다. 많은 사람들이 예수 그리스도를 영접한 후, 하나님을 위해 한번 위대한 일을 하리라고 꿈꾸지만, 실제로 위대한 일에 쓰임을 받는 사람들은 너무나 소수입니다. 하나님께서 쓰시는 사람은 큰 야망을 지닌 자가 아니라 하나님께 쓰임 받기 위해 준비된 자입니다.

하나님은 준비된 자를 찾으십니다. 그리고 준비된 자는 순종을 통해 온전해 가는 자입니다. 자꾸 순종하면 순종하는 사람으로 변해 갑니다. 의의 말씀에 순종하면 의로운 사람이 되고, 사랑하라는 하나님의 계명에 순종하면 악한 사람이라도 사랑의 사람으로 변해 갑니다.

우리는 온전함의 끝까지 이를 수는 없습니다. 그렇다고 도중에 포기해서도 안 됩니다. 예수님의 사랑을 알았고, 예수님의 희생으로 우리가 살았기 때문입니다. 나를 위해 십자가에서 죽으시기까지 33년간의 생애를 온갖 수치와 고통 속에서 온전한 제물이 되기 위해 고난의 삶, 순종의 삶을 사셨던 예수님을 향한 진실한 사랑이 털끝만큼이라도 우리 속에 있다면 우리는 온전한 사람이 되고자 애쓰지 않을 수 없습니다.

우리 안에 있는 예수님의 사랑이 우리의 갈 길을 비춰 주는 한…….

 마음에 두고 생각하기

하나님이신 예수 그리스도께서 우리를 위하여 고초당하셨습니다. 제물이 되어 이 땅에 오셨고 합당한 제물로 인정받기 위해 인간으로서의 모든 경험을 직접 겪으셨습니다. 패역하고 죄악된 인간들과 어울려 사시면서 우리를 더욱 깊이 이해하시려 했고, 긍휼과 자비를 아낌없이 베풀어 주셨습니다. 그리하여 우리의 마지막 소망이 되셨습니다.

인내의 모본이신 예수님

"그가 아들이시라도 받으신 고난으로 순종함을 배워서 온전하게 되었은즉 자기를 순종하는 모든 자에게 영원한 구원의 근원이 되시고"(히 5:8-9).

사도 바울은 하나님께서 크게 쓰신 인물입니다. 그는 이방인에게 복음을 널리 전파하는 일꾼으로 평생을 헌신하였습니다. 그런데 사도 바울의 원래의 기질은 참으로 과격하고 거침이 없었던 것으로 여겨집니다. 빌립보서에서 바울은 스스로 고백하기를, 자신은 열심히 교회를 핍박하였고 율법의 의로는 흠을 찾을 수 없이 완벽하였다고 합니다. 율법을 거스르는 자들을 향해서는 불처럼 분노하였고, 스데반 집사의 죽음의 증인이 되었던 것에서 보듯 매우 냉혹한 사람이었습니다.

다메섹에서 예수님을 만나 복음의 증거자가 된 후에도 그의 과격한 기질은 여러 장면에서 드러납니다. 전도 여행시에는 마가를 두고 바나바와 크게 다투어 전도팀이 두 패로 나뉜 사건이 있었습니다. 그리고 바울은 베드로의 잘못을 회당의 여러 사람들 앞에서 심하게 질책하기도 하였습니다. 이로 보아도 바울의 다혈질적인 성품이 여실히 드러납니다.

그러나 바울의 그러한 기질은 사역을 감당하면서 깎이고 다듬어져 갔습니다. 복음 사역은 가난과 추위, 배고픔과 죽음과의 사투였습니다. 그에게는 핍박과 모함, 고난과 위기가 끊이지 않았습니다. 하나님의 말씀이 능력을 보이는 곳에서 대적들의 핍박과 환란은 더 강했습니다. 많은 사람들이 회심하는 곳에서 더 많은 사람들이 그를 모함하고 박해하였습니다. 예수 그리스도를 전파하다가 받는 고난과 핍박들에 대해 그가 어떻게 반응했을까요? 그의 기질대로 화를 내고 다툼을 벌였을까요? 그럴 수 없었습니다. 참고 견뎌야 했습니다. 열 번이면 열 번을 다 견뎌 내었습니다.

만약 우리가 진정 거듭난 그리스도인의 삶을 포기하고 세상과 타협하면서 살려고 한다면, 이 세상에서 박해와 핍박을 받을 이유가 없습니다. 그러나 부패한 다수에 포함되기를 거부하고 하나님의 인정을 받는, 깨어지는 정결한 소수로서 살고 싶은 열망이 우리에게 있다면 그러면 우리에게는 핍박과 난관이 끊이지 않을 것입니다. 하나님이 받으실 만한 열심과 사랑을 지닌 그리스도인, 하나님의 영광을 위해서 살려고 하는 그리스도인은 잠들어 있는 많은 그리스도인들 가운데 확연하게 드러납니다. 그러면 그가 사단의 표적이 되어 집요하게 괴롭힘을 당할 것은 불 보듯 뻔합니다.

사도 바울은 그리스도를 얻고 모든 것을 잃었습니다. 예수님을 구주로 영접한 후에는 종교지도자로서의 길을 잃었고, 가족도, 친구들도 잃었습니다. 복음을 전한다는 이유로 사랑하는 동족들에게 핍박을 당해야 했습니다. 이방인들에게 복음을 전할 사명을 받아 열심히 섬겼으나, 영혼의 형제가 된 이방 민족들이 유대인들, 혈육의 형제들에 의해 고통을 받게 될 때마다 그 역시 고통스러웠습니다. 사도 바울이 이렇듯 고난으로 겹겹이 싸인 길을 가면서도 대적들을 향해 분노하지 아니하고 맞서 싸우지 않을 수 있었던 것은 그가 그리스도 예수를 모본으로 삼았기 때문입니다. 예수 그리스도께서 하나님의 아들이심에도 불구하고 고난을 인내하사 순종하는 법을 배우셨기 때문입니다.

이처럼 많은 믿음의 사람들이 인내하고 참을 수 있는 힘을 얻는 통로가 있었으니, 바로 예수 그리스도이십니다. 인내 없이는 순종도 없습니다. 사도 바울에게 있어서 그리스도 예수의 십자가는 인내의 십자가였습니다. 그처럼 과격하고, 격정적이며, 쉽게 분노하는 성품을 가진 사도 바울을 변화시켜서 그로 하여금 오래도록 참는 믿음의 사람으로 만들어 주었던 비밀은, 구원을 이루는 거룩한 목표를 위해 온전히 참고 인내하며 고난과 시련을 당하신 그리스도 예수의 모범을 발견한 데 있었습니다. 사랑하는 여러분, 그리스도의 뒤를 따라, 사도 바울의 뒤를 따라 인내의 열매를 맺으십시오.

 마음에 두고 생각하기

성경은 사도 바울이 예수님을 만나 어떻게 변화되어 갔는지, 그가 얼마나 예수님을 닮기 위해 분투했는지를 생생하게 알려 줍니다. 사도가 인내의 십자가를 붙들었던 것처럼 오늘을 사는 우리들도 묵묵히 인내할 줄 아는 힘이 필요합니다. 세상이 믿는 자를 핍박하고 무시하여도 그들을 향해 분을 내기보다 인내하며 그들을 용납하는 미덕이 절실한 오늘입니다.

사랑은 언제나 오래 참고

"그가 아들이시라도 받으신 고난으로 순종함을 배워서 온전하게 되었은즉 자기를 순종하는 모든 자에게 영원한 구원의 근원이 되시고"(히 5:8-9).

사도 바울은 사랑이 모두 식고 물질주의와 세속주의로 가득 찬 고린도교회를 향해 사랑이 무엇인가에 대해 말할 때 이렇게 시작합니다. "사랑은 오래 참고 사랑은 온유하며 투기하는 자가 되지 아니하며……"고전 13:4. 사랑의 특징이 무엇인가를 말하면서 '사랑은 오래 참는 것'이라고 서두를 꺼낸 것은 우연한 일이 아닙니다.

사도가 예수님을 만난 것은 숙명적인 만남이었습니다. 사도는 그리스도께서 주신 사명, "내가 너를 이방인과 임금들에게 내 복음을 전하라고 너를 불렀다." 이것에 붙잡혔습니다. 괴로우나 즐거우나 시련이 올 때나 형통할 때에도 그는 복음을 전하는 일에 자신을 모두 바쳤습니다. 그러자 가족은 그를 버렸고, 동족들에게는 원수가 되었습니다. 이전에는 상상도 못했던 위기의 시간들, 모험과 고난, 핍박이 가득한 생애를 숨 가쁘게 지나 왔습니다. 그 모든 것에도 불구하고 그가 그리스도의 사도로서 살 수 있었던 것은 그에게 예수 그리스도의 사랑이 있었기 때문이었습니다.

모든 것을 다 잃었지만, 홀로 모든 고난을 짊어져야 할 것 같은 상황이 되면 그리스도의 사랑이 그의 마음속에 밀려들었습니다. 그 사랑 때문에 폭풍 가운데 갇혔을 때도 오히려 죄수의 몸으로 군인들을 위로할 수 있었습니다. 자신의 이름이 모욕을 받을 때도 분노하지 아니하고 오래 참으며 그 놀라운 사역들을 일구어 내었습니다.

그의 온 인격을 사로잡고 있는 그리스도의 성품은 바로 인내였습니다. 한 사람의 그리스도인이 얼마나 거룩한 삶을 살았는지는 그리스도의 인격을 얼마나 깊이 경험했는가에 달려 있습니다. 다시 말하자면 그가 그리스도를 얼마나 깊이 만났는가는 그가 얼마나 인내하며 사는가를 보면 알 수 있다는 의미입니다.

우리가 누군가를 사랑한다면 그 사랑은 우리가 그를 얼마나 오래 참으며 용납하느냐에 의해 나타납니다. 그래서 사도가 사랑에 대해 말할 때 제일 먼저 '사랑은 오래 참는 것'이라고 하였던 것입니다.

그는 그리스도의 십자가에서 이루어진 하나님의 사랑을 보았습니다. 하나님이 싫다며 떠난 백성들을 하나님은 참으셨습니다. 그들을 구원하기 위해 오신 예수님도 죄인들을 참으셨습니다. 그분의 참으심은 십자가에서의 죽음으로까지 이어졌습니다. 생명 그 자체이신 그리스도께, 죽음에 복종될 수 없는 성품을 가진 그분께 죽음이 강요된 것입니다. 이것 역시 그리스도의 인내로 이루어진 일이었습니다. 만일 그분께서 인내하지 않으셨다면 십자가의 구원의 사랑이 이 땅에 이루어졌을까요?

사도는 예수 그리스도의 십자가를 바라보고 그분이 자신을 위해 죽으신 이 놀라운 사랑을 깨달을 때마다 그리스도의 인내하심을 자신의 것으로 삼았습니다. 그 자신 역시 인내하는 것이 마땅하다는 사실을 뼛속까지 새겼던 것입니다. 복음을 전하여 박해를 받을 때 이것을 기억하고, 인내하고 또 인내하였습니다.

예수님의 사랑이 인내라는 사실을 알자, 자신에게 보이신 예수님의 인내를 깨달았습니다. '이전에는 내가 핍박자요 포행자였으나 나를 충성되이 여겨 일꾼을 삼으신 것이, 사실은 오래 참으셨기 때문에 이루어진 일이로구나!' 여러분도 하나님의 놀라운 사랑을 받았고, 또 그분을 사랑하노라고 고백하실 것입니다. 그렇게 고백하신다면 하나님을 향한 그 사랑을 인내와 순종의 삶으로 보여 주십시오.

하나님은 우리의 착한 삶을 보시며 기뻐하십니다. 주님을 사랑하기 때문에 주께서 지신 인내의 십자가의 뒤를 따라 여러분도 범사에 참고 범사에 견디며 일평생 사명을 훌륭하게 감당하기를 간절히 바랍니다.

 마음에 두고 생각하기

하나님의 오래 참으심으로 인해 우리가 오늘 이렇게 하나님께 경배와 찬양을 드리는 자가 되었습니다. 이 얼마나 놀라운 일입니까! 우리는 다른 사람을 사랑하다가 얼마나 쉽게 포기하는지 모르는데 말입니다. 여러분 자신이 깨뜨려지는 인내를 이룰 때, 여러분의 사랑도 완성됩니다.

사명선언문

너희가 흠이 없고 순전하여……세상에서 그들 가운데 빛들로
나타내며 생명의 말씀을 밝혀 _ 빌 2:15-16

1. 생명을 담겠습니다
만드는 책에 주님 주신 생명을 담겠습니다.
그 책으로 복음을 선포하겠습니다.

2. 말씀을 밝히겠습니다
생명의 근본은 말씀입니다.
말씀을 밝혀 성도와 교회의 성장을 돕겠습니다.

3. 빛이 되겠습니다
시대와 영혼의 어두움을 밝혀 주님 앞으로 이끄는
빛이 되는 책을 만들겠습니다.

4. 순전히 행하겠습니다
책을 만들고 전하는 일과 경영하는 일에 부끄러움이 없는
정직함으로 행하겠습니다.

5. 끝까지 전파하겠습니다
모든 사람에게, 땅 끝까지, 주님 오시는 그날까지
복음을 전하는 사명을 다하겠습니다.

서점 안내

광화문점 서울시 종로구 새문안로 69 구세군회관 1층
02)737-2288 / 02)737-4623(F)

강남점 서울시 서초구 신반포로 177 반포쇼핑타운 3동 2층
02)595-1211 / 02)595-3549(F)

구로점 서울시 동작구 시흥대로 602, 3층 302호
02)858-8744 / 02)838-0653(F)

노원점 서울시 노원구 동일로 1366 삼봉빌딩 지하 1층
02)938-7979 / 02)3391-6169(F)

분당점 경기도 성남시 분당구 황새울로 315 대현빌딩 3층
031)707-5566 / 031)707-4999(F)

일산점 경기도 고양시 일산서구 중앙로 1391 레이크타운 지하 1층
031)916-8787 / 031)916-8788(F)

의정부점 경기도 의정부시 청사로47번길 12 성산타워 3층
031)845-0600 / 031)852-6930(F)

인터넷서점 www.lifebook.co.kr